꿩먹고 알먹는

러시아어
첫걸음

전혜진 지음

문예림

http://www.moonyelim.com

꿩 먹고 알 먹는 러시아어 첫걸음

초판 10쇄 인쇄 2019년 2월 15일
초판 10쇄 발행 2019년 2월 22일

지은이 전혜진
발행인 서덕일
펴낸곳 도서출판 문예림

출판등록 1962.7.12 (제406-1962-1호)
주소 경기도 파주시 회동길 366 (10881)
전화 (02)499-1281~2 **팩스** (02)499-1283
전자우편 info@moonyelim.com
ISBN 978-89-7482-240-7 (13790)

머리말

안녕하세요? 전혜진입니다.

누구나 한번쯤은 러시아를 동경했을 것입니다.

시베리아행 열차를 타고 하얀 설원과 가도 가도 끝없는 자작나무 숲과 지평선이 보이지 않는 초원을 밤낮 없이 달려보고 싶었을 것입니다. 볼쇼이 극장에서 공연을 감상한 후, 러시아 바에 들러 보드까를 마시고, 붉은 광장과 아르바뜨의 눈 내리는 거리를 걷고 싶었을 것입니다. 볼가강 유람선을 타고 러시아의 어머니 강인 볼가 강을 따라 러시아인의 역사와 숨결을 느낄 수 있는 도시들을 보고 싶었을 것입니다. 아니면, 황금고리 도시를 돌면서, 옛 러시아의 모습을 느껴보고 싶었을 것입니다. 또 세계에서 가장 아름다운 도시라는 상뜨 뻬쩨르부르그에서 뿌쉬낀이 결투 직전에 들렀다는 넵스끼 거리의 문학 카페에서 러시아 차를 마시며, 러시아 음악을 듣고 싶을 때도 있었을 것입니다.

러시아를 그리워했던 사람들은 러시아어를 배우고 싶어합니다. 하지만 러시아어는 어렵다는 선입견 때문에, 시작할 엄두를 내지 못하는 사람들이 많았습니다. 그래서 러시아어 첫 걸음은 쉽고, 재미있고, 즐겁게 러시아어를 학습하자는 취지에서 만들었습니다. 문법 암기 위주의 기존의 교재 틀에서 벗어나, 듣기, 쓰기, 읽기, 말하기 영역에서 초급 단계의 러시아어를 골고루 연습하고, 발전시키도록 단계별로 체계적으로 구성하였습니다.

과 첫 부분에 소개되고 있는 텍스트는 작은 양의 어휘와 기본적인 문법 정보를 갖고 러시아어 텍스트를 이해하고, 읽을 수 있으며, 더 나아가 일정 주제에 따라 글을 쓸 수 있는 능력을 배양하는 것을 목표로 합니다. 1단계 단어와 숙어 익히기는 무조건 많은 단어를 암기해야한다는 고정 관념을 깨고, 초급단계에 필수적이고 빈도수 높은 최소량의 어휘를 제시하면서, 어휘의 결합관계와 어휘 활용에 중점을 두고 있습니다. 2단계 문법 따라잡기는 문법을 단순 지식으로써 축적하지 않고, 의사소통을 목적으로 문법 정보를 능동적으로 사용할 수 있도록 기능 문법적인 측면에서 문법을 기술하고 있습니다. 3단계 표현 따라하기는 다양한 표현을 연습하여 표현력을 풍부하게 하는 코너입니다. 4단계 러시아어로 말하기에서는 생활 회화를 상황별로 제시하여 살아있는 러시아 구어를 만날 수 있습니다. 5단계 함께 연습하기에서는 그림이나 사진 등 시각 자료를 활용하여 재미있게 러시아어를 연습할 수 있습니다. 그리고 텍스트, 표현 따라하기, 러시아어로 말하기 코너는 CD로 제작하여, 듣기 연습을 효과적으로 도와줄 것입니다.

러시아어 첫걸음 출판에 즈음하여, 좋은 책을 내도록 큰 도움을 주신 문예림 출판사의 서덕일 사장님과 러시아어 감수를 꼼꼼히 해주신 에브게니 쉬테빤 선생님께 진심으로 감사의 말씀을 드립니다. 끝으로, 러시아어 첫 걸음이 여러분의 러시아어 학습에 작은 길잡이가 되기를 바랍니다.

2004년 1월

전 혜진

러시아어 자모

차례	활자체	필기체	명칭		영어의 유사음	발음	IPA
1	А а	𝒜 𝒶	а	아	"father"의 a	아	a
2	Б б	𝐵 𝒷	бэ	베	"book"의 b	ㅂ	b
3	В в	𝐵 𝒷	вэ	(붸)	"vote"의 v	(ㅂ)	v
4	Г г	𝒯 г	гэ	게	"good"의 g	ㄱ	g
5	Д д	𝒟 𝑔	дэ	데	"day"의 d	ㄷ	d
6	Е е	ℰ 𝑒	е(йэ)	예	"yes"의 ye	예	je
7	Ё ё	Ё ё	ё(йо)	요	"york"의 yo	요	jo
8	Ж ж	𝒲 𝓌	же	(제)	"pleasure"의 s	(ㅈ)	
9	З з	𝒵 𝓏	зэ	제	"zone"의 z	ㅈ	z
10	И и	𝒰 𝓊	и	이	"meet"의 ee	이	i
11	Й й	𝒰̆ й̆	и краткое		"boy"의 y	(이)	(j)
12	К к	𝒦 𝓀	ка	까	"kind"의 k	ㄲ	k
13	Л л	𝓁 л	эл	엘	"gold"의 l	(ㄹ)	l
14	М м	𝑀 𝓂	эм	엠	"man"의 m	ㅁ	m
15	Н н	𝒩 н	эн	엔	"note"의 n	ㄴ	n

차례	활자체	필기체	명칭		영어의 유사음	발음	IPA
16	О о	*О о*	о	오	"port"의 o	오	o
17	П п	*П п*	пэ	뻬	"pen"의 p	쁘	p
18	Р р	*Р р*	эр	에르	"radio"의 r	(ㄹ)	r
19	С с	*С с*	эс	에쓰	"speak"의 s	ㅆ	s
20	Т т	*Т т*	тэ	떼	"too"의 t	ㄸ	t
21	У у	*У у*	у	우	"book"의 oo	우	u
22	Ф ф	*Ф ф*	эф (에프)		"fire"의 f	(ㅍ)	f
23	Х х	*Х х*	ха	하		ㅎ	x
24	Ц ц	*Ц ц*	цэ	쩨	"quartz"의 tz	ㅉ	ts
25	Ч ч	*Ч ч*	че	체	"lunch"의 ch	치	tʃ
26	Ш ш	*Ш ш*	ша	(샤)	"shine"의 sh	(시)	ʃ
27	Щ щ	*Щ щ*	ща	시챠	"tovarish"의 sh	시치	
28	Ъ ъ	*ъ*	твёрдый знак			−	
29	Ы ы	*ы*	ы	의	"it"의 i	의	
30	Ь ь	*ь*	мягкий знак			−	
31	Э э	*Э э*	э	에	"men"의 e	에	e
32	Ю ю	*Ю ю*	ю(йу) 유		"Yukon"의 yu	유	ju
33	Я я	*Я я*	я(йа) 야		"yard"의 ya	야	ja

러시아어 알파벳과 발음

1. 러시아어의 모음

러시아어의 모음을 표시하는 철자는 모두 10개가 있다. 그 중 경자음을 표시하는 철자 5개와 연자음을 표시하는 철자 5개가 있다.

⭕ **1.1** 앞에 오는 자음이 경자음임을 나타내는 경자음 표시 모음은 다음과 같다.

А а 우리말의 '아' 음과 비슷하다.
하지만 우리말 '아' 음 보다 긴장 정도가 더 강하다.

Э э 우리말의 '에' 음과 유사하다. 러시아어의 'э' 음은 혀끝을 아랫니에 대고 혀의 중간 부분을 경구개를 향해 들어올리며, 혀를 옆니에 밀착시켜서 내는 소리이다.

Ы ы 우리말에 '의' 음과 유사하다.
이 모음을 정확히 발음하기 위해서는 혀를 뒤로 끌어당기면서 입천장 쪽으로 높이 들어 올리고, 입을 옆으로 벌려 강하게 긴장시키면서 발음해야 한다.

О о 우리말 '오' 음과 유사하다.
이 모음을 정확하게 발음하려면, 혀끝을 아랫니 쪽으로 내리고, 혀 뒷 부분을 연구개를 향해 들어올린 후에 입술을 아래로 내밀어 둥그렇게 해야 한다.

У у 우리말 '우' 음과 비슷하다.
우리말 '우' 음에 비해 발음할 때 더 원순성이 강하며, 입을 벌릴 때 더 긴장해야 한다.

а	мать	어머니	парк	공원
э	это	이것은	экономика	경제
ы	сын	아들	сыр	치즈
о	дом	집	ось	축
у	ум	지혜	уксус	식초

1.2 앞에 오는 자음이 연자음 임을 나타내는 연자음 표시 모음은 다음과 같다.

Я я 우리말의 '야' 음과 유사하다.
'и' 음과 'a' 음이 결합된 복모음으로 〔й+a〕로 발음한다.

Е е 우리말의 '예' 음과 비슷하다.
'и' 음과 'э' 음이 결합된 복모음으로 〔й+э〕로 발음한다.
이 모음을 발음할 때는 혀의 뒷부분을 들어 올려야 한다.

И и 우리말의 '이' 음과 비슷하다.
이 모음을 정화히 발음하기 위해서는 혀를 입천장 쪽으로 가깝게 끌어당겨야 한다.

Ё ё 우리말의 '요' 음과 비슷하다.
'и' 음과 'o' 음이 결합된 복모음으로 〔й+o〕로 발음한다.
이 모음은 항상 강세가 있는 음절에서만 나타나므로 강세표시를 별도로 하지 않는다.

Ю ю 우리말의 '유' 음과 비슷하다.
'и' 음과 'y' 음이 결합된 복모음으로 〔й+y〕로 발음한다.

я	няня	유모	дядя	숙부
е	перо	펜	день	낮
и	книга	책	пить	마시다
ё	мёд	꿀	тётя	숙모
ю	ключ	열쇠	любить	사랑하다

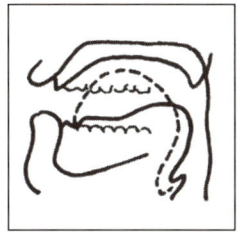
-а- ---э

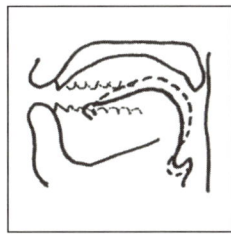
-о- ---у

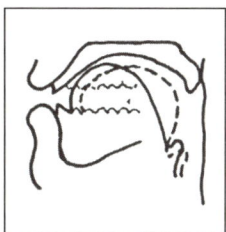
-и- ---ы

2. 러시아어의 자음

러시아어의 자음은 모두 21개이다. 유성음과 무성음 그리고 소리나는 위치에 따라 다음과 같이 분류할 수 있다.

유성 자음	б	в	г	–	д	з	–	ж	–	–	л	м	н	р	й
무성 자음	п	ф	к	х	т	с	щ	ш	ч	ц	–	–	–	–	–

➡ 2.1 두입술소리 : 두 입술로 공기의 흐름을 막았다가 열면서 내는 소리

П п   우리말의 된소리 'ㅃ'에 가까운 무성음이다.

Б б   우리말의 'ㅂ'음과 유사한 유성음이다.

М м   두 입술 사이에서 나는 양순음으로, 우리말 'ㅁ'과 비슷하다.

п	парк	공원	потом	다음에	папа	아빠
б	брат	형제	бабочка	나비	бабушка	할머니
м	мама	엄마	март	3월	Москва	모스크바

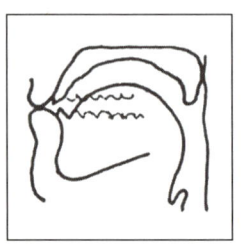

-пб-

➡ 2.2 이-입술소리 : 아랫입술을 윗니에 대었다가 떨어뜨리면서 내는 소리

В в   아랫입술을 윗니에 살짝 대었다가 떨어뜨리면서 내는 소리이다.
우리말에는 동일한 음가가 없으며, 영어의 'v'와 유사하다.

Ф ф   в의 무성음이다. 우리말에는 이에 상응하는 자음이 없으며, 영어의 'f'와 유사하다.

в	вода	물	восток	동쪽	ваш	당신의
ф	факт	사실	файл	파일	флейта	플룻

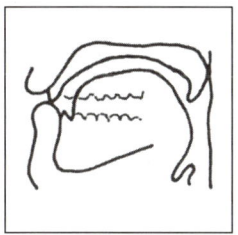

-фв-

● 2.3   잇소리 : 혀끝을 윗니 안쪽에 대었다가 떨어뜨리면서 내는 소리

Т т 혀끝을 윗니 안쪽에 대어서 내는 무성음이다.
우리말의 된소리 'ㄸ'에 가깝다.

Д д т의 유성음으로 우리말의 'ㄷ'음과 유사하다.

С с 우리말의 된소리 'ㅆ'에 가깝다. 영어의 s소리와 비슷하다.

З з 우리말에는 이에 상응하는 소리가 없다. 우리말의 'ㅈ'음과 유사하며, 영어의 z음과 유사하다.

Н н 우리말의 'ㄴ'과 유사하며, 영어의 'n'음에 가깝다.

Л л 대체로 우리말의 'ㄹ'음과 유사하다. 그러나 우리말의 'ㄹ'음과 달리 혀끝이 윗니의 뒤쪽에 닿아서 내는 소리이다.

т	тост	건배	зонт	우산	тут	여기에
д	дача	별장	да	네	дом	집
с	сын	아들	сон	잠	Саша	사샤
з	золото	금	музей	박물관	знать	알다
н	нет	아니다	нос	코	луна	달
л	лиса	여우	лук	양파	Волга	볼가강

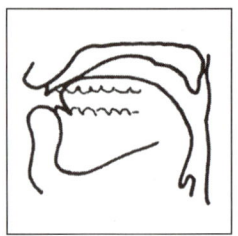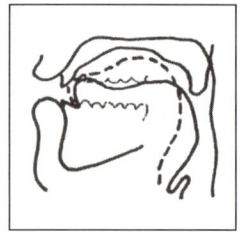

-ТДН-   -Л---Л'

🔴 2.4   잇몸소리 : 혀끝을 윗 잇몸에 대고 내는 소리

Р р   우리말의 'ㄹ' 음과 달리 혀끝을 여러 번 진동시켜 내는 소리이다.

Ж ж   우리말에는 정확히 상응하는 소리가 없으나, 대체로 '쥐'와 비슷하다. ш가 무성음인데 반해 유성음이다.

Ш ш   혀끝을 경구개를 향해 들어올려서 혀와 잇몸 사이의 작은 틈을 통해 내는 소리이다. 우리말의 '쉬' 에 가깝다.

Ц ц   우리말에 상응하는 자음이 없다. 'ㅉ' 음과 약간 유사하다.

р	рис	쌀	Россия	러시아	робот	로보트
ж	жена	아내	журнал	잡지	тоже	또한
ш	шарик	풍선	школа	학교	Наташа	나따샤
ц	центр	중심	цена	가격	станция	정거장

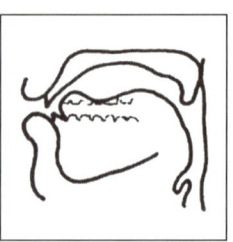

-ШЖ-

2.5 센 입천장 소리 : 혓몸 앞부분을 센입천장(경구개)에 대었다가 떼면서 내는 소리

Ч ч 우리말의 'ㅊ'음과 유사하다. 러시아어의 ч음은 우리말과는 달리 기음을 수반하지 않는다. 이 자음은 항상 연자음이다.

Щ щ 이 자음에 상응하는 문자가 우리말에는 없다. 대체로 우리말의 '쉬' 음에 가깝다.

Й й 우리말의 '이' 음과 거의 비슷하다. 하지만 и음보다 훨씬 짧게 발음해야한다. 이 자음은 자음 뒤에는 절대로 오지 않으며, 항상 모음과 결합하여 이중모음을 형성한다.

ч	чай	차	час	시간	чёрный	검은
щ	щи	야채 수프	площадь	광장	щека	뺨
й	мой	나의	герой	영웅	май	5월

2.6 여린 입 천장 소리 : 혀의 뿌리 부분을 여린 입천장(연구개)에 대었다가 떼면서 내는 소리

К к 영어의 'k' 음과 유사하지만, 기음을 수반하지 않는다. 우리말의 된소리 'ㄲ'에 가깝다.

Г г 연구개음으로 우리말의 'ㄱ'음과 유사하다. к가 무성음인데 비해, г는 유성음이다.

Х х 혀의 뒷부분과 연구개 사이의 좁은 통로를 통해서 공기를 유출시켜 내는 소리이다. 우리말의 'ㅎ'음을 발음할 때보다 뒷부분을 구개에 더 접근시켜 강하게 발음한다.

к	кто	누가	кот	고양이	как	어떻게
г	газета	신문	город	도시	голос	목소리
х	хорошо	좋다	ухо	귀	холодно	춥다

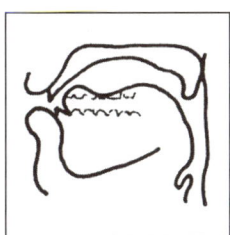
-кг-

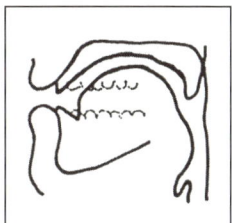
-х-

3. 경음부호 ъ와 연음 부호 ь

실제 음가를 갖지는 못하고, 발음시 다른 철자의 음가(경자음 또는 연자음)를 결정하는 보조 역할을 한다.

● 경음부호 ъ : 단어 중간에 위치하여 앞부분과 뒷부분의 경계 역할을 하며, 발음할 때 부호가 있는 앞부분과 뒷부분을 서로 떼어서 발음함으로써 연자음 표시 모음 앞에 있는 자음의 연음화를 막아준다.

съесть	다먹다
отъезд	출발
объект	대상

● 연음부호 ь : 앞에 나오는 자음이 연자음 임을 나타낸다.

мать	어머니
дочь	딸
только	단지

러시아어 발음 규칙

1. 모음의 발음 규칙

➡ 1.1 　강세가 있는 모음의 발음

러시아어의 모음은 강세를 가질 때만 제 음가를 그대로 나타낸다. 강세를 가진 모음은 강세가 없는 다른 모음 보다 상대적으로 더 길고 또렷하게 발음된다.

a	ча́сто	자주	луна́	달
o	о́сень	가을	перо́	펜
e	де́ло	일	день	낮
я	статья́	기사	моя́	나의(소유 대명사 여성형)
и	сто́ит	서있다	мой	나의(소유대명사 복수형)
у	пу́сто	비어있다	иду́	가다 (현재 1인칭 단수)

➡ 1.2 　모음 약화

모음이 강세를 갖지 않을 때는 본래의 음가를 발휘하지 못하고 약화된다. 강세가 없는 모음은 강세를 가진 모음보다 더 짧고 약하게 발음된다.

➡ 1.3 　모음 a, o 의 약화

강세가 없는 **a, o**는 [ʌ] 또는 [ə]로 발음된다.
강세 앞의 음절, 또는 어두의 첫 음절에서는 [ʌ]로 발음된다.

сама́	자신
пальто́	외투
она́	그녀
окно́	창문
Москва́	모스크바

강세가 없는 기타 다른 음절에서는 [ə]로 발음된다.

молоко́	우유
опа́сно	위험하다
потому́	왜냐하면
па́па	아빠

🔸 1.2   모음 e, я의 약화

강세를 갖지 않는 e, я는 대부분 [ji]로 발음되고, 일부 어미에서는 [jə]로 발음되기도 한다.

весна́	봄
теа́тр	극장
язы́к	언어
яйцо́	계란
мо́ре	바다
зда́ние	건물
тётя	숙모
ба́шня	탑

🔸 1.3   모음 и, у의 약화

강세를 갖지 않는 и, у는 본래의 음가를 유지하면서 상대적으로 짧게 발음된다.

ба́бушка	할머니
кни́ги	책들

2. 자음의 발음 규칙

러시아어는 유−무성음 동화 현상을 일으키며, 항상 역행 동화한다.

◑ 2.1   유성음화 : 유성 자음 앞의 무성자음은 유성자음으로 동화된다.

также	또한
отдых	휴식
вас зовут	당신을 부르다

◑ 2.2   무성음화 : 무성자음 앞이나, 어말에 위치한 유성자음은 무성자음으로 동화된다.

автобус	버스
из сада	정원으로부터
под столом	책상 아래
водка	보드카
бабка	노파
год	일 년
зуб	이
юг	남쪽
глаз	눈

◑ 2.3   향음(л, м, н, р)은 다른 자음들에 어떤 영향도 미치지 않고 또 자신도 동화되지 않는다. 마찰음 в 는 자신은 무성음화되지만, 다른 자음을 유성음화시키지 않는다.

Это Россия.

🎧

Э́то Росси́я.
에따   라시야

Вот Москва́.
보트   마스끄바

Э́то Санкт-Петербу́рг.
에따   상뜨   뻬쩨르부르크

Вот река́ Во́лга.
보트 리까   볼가

Э́то не река́, а о́зеро Байка́л.
에따 니 리까 아 오제로   바이깔

이것은 러시아입니다.
여기가 모스크바입니다.
이것은 상뜨 뻬쩨르부르그입니다.
여기는 볼가강입니다
이것은 강이 아니고, 바이칼 호수입니다.

단어와 숙어 익히기

- **э́то**
  에따
  이것은

- **Росси́я**
  라시야
  러시아

- **вот**
  보트
  바로 여기

- **Москва́**
  마스끄바
  모스크바

- **Санкт-Петербу́рг**
  상뜨   뻬쩨르부르크
  상뜨 뻬쩨르부르그

- **река́**
  리까
  강

- **Во́лга**
  볼가
  볼가

- **а**
  아
  그런데

- **о́зеро**
  오제로
  호수

- **Байка́л**
  바이깔
  바이칼

문법 따라잡기

1. 지시 대명사 э́то

지시 대명사 э́то는 "이것은, 이 사람은"을 의미하며, 사물과 사람을 지칭하는데 사용한다.

예문

Э́то Москва́. 이것은 모스크바이다.
에따   마스끄바

Э́то компью́тер. 이것은 컴퓨터이다.
에따   깜뿨쩨르

Э́то Ни́на. 이 사람은 니나이다.
에따   니나

Э́то Ива́н. 이 사람은 이반이다.
에따   이반

2. 주어＋술어

문장에서 행위, 상태, 성질을 나타내는 부분을 술어, 그것의 주체를 주어라고 한다.
"A는 B이다"의 주술관계를 나타내는 문장에서 "–이다"에 해당되는 술어는 쓰지 않는다.

Э́то Росси́я. 이것은 러시아이다.
에따   라시야

Э́то Москва́. 이것은 모스크바이다.
에따   마스끄바

Э́то Ми́ша. 이 사람은 미샤이다.
에따   미샤

Э́то Ми́ша и Ни́на. 이들은 미샤와 니나이다.
에따   미샤   이   니나

3. 부정소사

부정 소사는 부정할 단어 바로 앞에 위치한다. 읽을 때는 다음 단어와 끊지 않고, 이
어서 읽는다. 통상 강세를 갖지 않는다.

| 긍정문 | Э́то Москва́. 이것은 모스크바이다.
에따   마스끄바

| 부정문 | Э́то не Москва́. 이것은 모스크바가 아니다.
에따 니 마스끄바

4. 의문문

의문사가 없는 의문문은 평서문과 어순은 동일하며, 억양으로 의문을 나타낸다.

| 평서문 | Э́то Ми́ша. 이 사람이 미샤이다.
에따   미샤

| 의문문 | Э́то Ми́ша? 이 사람이 미샤인가요?
에따   미샤

| 평서문 | Э́то Росси́я. 이것이 러시아이다.
에따   러시야

| 의문문 | Э́то Росси́я? 이것이 러시아인가요?
에따   라시야

의문사가 없는 의문문에 대해 답변을 할 때, **да**와 **нет**를 사용한다.
긍정으로 답변할 때는 **да**(예), 부정으로 답변할 때는 **нет**(아니오)라고 답변한다.

예문 Э́то Ми́ша? 이 사람이 미샤인가요?
에따   미샤

Да, э́то Ми́ша. 네, 이 사람이 미샤입니다.
다   에따   미샤

Э́то Ми́ша? 이 사람이 미샤인가요?
에따   미샤

Нет, э́то не Ми́ша. 아니오, 이 사람은 미샤가 아닙니다.
니예트 에따 니   미샤

5. 접속사 a

접속사 **a**는 문장에서 사물의 대조 및 의미의 대립을 나타내는 접속사이다.

예문 Это́ Москва́, а э́то Петербу́рг.
에따   마스끄바   아 에따   뻬쩨르부르크
이것은 모스크바이고, 이것은 뻬쩨르부르그다.

не···, а···는 "~이 아니라, ~이다"를 표현한다.

예문 Э́то не Москва́, а Петербу́рг.
에따 니 마스끄바   아   뻬쩨르부르크
이것은 모스크바가 아니라, 뻬쩨르부르그이다.

3단계

표 현 따 라 하 기

*ЭТО의 표현

Э́то Анто́н. 이 사람은 안똔이다.
에따   안똔

Э́то Анто́н Ивано́в. 이 분은 안똔 이바노프이다.
에따   안똔   이바노프

| 23

Это Áнна. 이 사람은 안나입니다.
에따   안나

Это Áнна Ивáновна. 이 분은 안나 이바노브나입니다.
에따   안나   이바노브나

Это Россия. 이것은 러시아이다.
에따   라시야

Это Корéя. 이것은 한국이다.
에따   까레야

Это Япóния. 이것은 일본이다.
에따   이뽀니야

Это Китáй. 이것은 중국이다.
에따   끼따이

Это Амéрика. 이것은 미국이다.
에따   아메리까

Это хорошó. 이것은 좋다.
에따   하라쇼

Это не хорошó. 이것은 좋지 않다.
에따   니   하라쇼

Это плóхо. 이것은 나쁘다.
에따   쁠로호

*ВОТ의 표현

Вот рекá Москвá. 여기가 모스크바 강이다.
보트   리까   마스끄바

Вот здесь. 자, 여기 있습니다.
보트   즈제시

Вот и всё. 이것이 전부다.
보트   이   프쇼

4 단계

러 시 아 어 로 말 하 기

диалог 1

- Это Москвá?
  에따   마스끄바

- Да, э́то Москва́. Э́то мой родно́й го́род.
다 에따 마스끄바 에따 모이 라드노이 고로트

- -

– 이것이 모스크바니?
– 그래, 이것이 모스크바야. 내 고향이야.

디알로그 2

- Э́то Росси́я?
에따 라시야

- Нет, э́то не Росси́я.
니예트 에따 니 라시야

  Э́то Украи́на.
에따 우끄라이나

- -

– 이것이 러시아니?
– 아니, 이것은 러시아가 아니야. 이것은 우크라이나야.

디알로그 3

- Э́то Ни́на?
에따 니나

- Нет, э́то не Ни́на, а А́нна.
니예트 에따 니 니나 아 안나

- -

– 이 애가 니나니?
– 아니야, 이 애는 니나가 아니고, 안나야.

디알로그 4

- Э́то Япо́ния?
에따 이뽀니야

- Нет, э́то не Япо́ния. Э́то Коре́я.
니예트 에따 니 이뽀니야 에따 까레야

- -

– 이것이 일본이니?
– 아니야, 이것은 일본이 아니야. 이것은 한국이야.

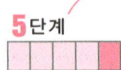

함께 연습하기

1. 다음 지도를 보면서, 지명을 러시아어로 말하시오.

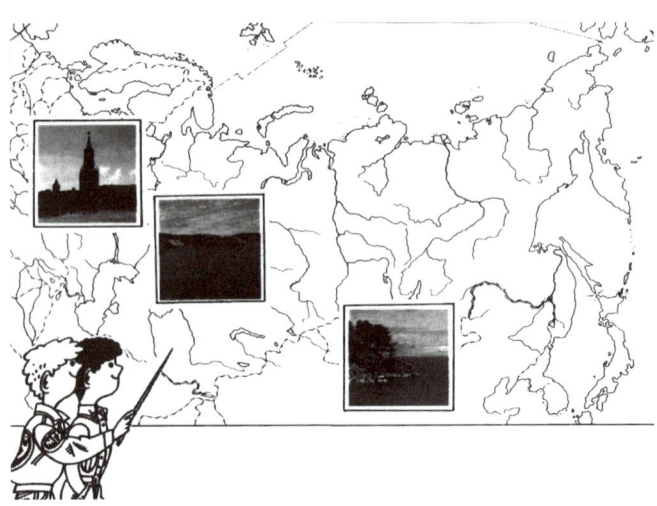

2. 다음 질문에 긍정과 부정으로 답하시오.

(1) Э́то Росси́я?

_____

_____

(2) Э́то Москва́?

_____

_____

(3) Э́то Ива́н?

_____

_____

(4) Э́то А́нна?

_____

_____

3. 다음을 러시아어로 옮기시오.

(1) 이것은 모스크바이다.

(2) 이것은 러시아이다.

(3) 이 사람은 이반이다.

(4) 이 사람은 나따샤이다.

(5) 이 사람들은 사샤와 꼴랴이다.

Кто это?

Здра́вствуйте!
즈드라스뜨부이쩨

Меня́ зову́т Са́ша. Я студе́нт.
미냐 자부트 사샤 야 스뚜젠트

Э́то мой оте́ц, Ива́н Ива́нович Петро́в.
에따 모이 아쩨쯔 이반 이바노비치 뻬뜨로프

Он врач.
온 브라치

Э́то моя́ ма́ма, Ни́на Никола́евна Петро́ва.
에따 마야 마마 니나 니깔라예브나 뻬뜨로바

Она́ домохозя́йка.
아나 다마하쟈이까

Э́то моя́ сестра́, Та́ня. Она́ шко́льница.
에따 마야 시스뜨라 따냐 아나 쉬꼴니짜

안녕하세요?
제 이름은 사샤입니다. 저는 대학생입니다.
이 분은 저의 아버지, 이반 이바노비치 뻬뜨로프입니다.
의사입니다.
이 분은 저의 엄마, 니나 니꼴라예브나 뻬뜨로바입니다.
엄마는 가정주부입니다.
이 아이는 제 여동생 따냐입니다. 그녀는 학생입니다.

단어와 숙어 익히기

- **здра́вствуйте!**
  즈드라스뜨부이쩨

  안녕하세요?

- **меня́**
  미냐

  나를 (я의 대격)

- **зову́т**
  자부트

  부르다 (звать) 동사의 3인칭 복수형

- **я**
  야

  나는

- **студе́нт**
  스뚜젠트

  대학생

- **э́то**
  에따

  이사람은, 이것은

- **мой, моя́, моё**
  모이 마야 마요

  나의

- **оте́ц**
  아쩨쯔

  아버지

- **он**
  온

  그는

- **врач**
  브라치

  의사

- **ма́ма**
  마마

  엄마

- **она́**
  아나

  그녀는

- **домохозя́йка**
  다마하쟈이까

  가정주부

- **сестра́**
  시스뜨라

  여자형제

- **шко́льник / шко́льница**
  쉬꼴니크   쉬꼴니짜

  남학생/여학생

- **кто**
  크또

  누구

문법 따라잡기

1. 명사의 성과 주격

남성	여성	중성
отéц	мáма	
дом	кóмната	окнó
-☐	-а	-о

러시아어의 명사는 남성, 여성, 중성으로 나뉘어진다.

아버지 **отéц**와 엄마 **мáма**처럼 명사의 성이 자연의 성과 일치하는 경우도 있지만, 자연의 성과 연관되어 있지 않은 경우도 많다. 명사가 자음으로 끝나면 남성명사, **-а** 로 끝나면 여성명사이고, **-о**로 끝나면 중성명사가 된다.

주격은 행위의 주체 또는 주체의 상태, 지위 등을 나타낸다.

예문

Я студéнт. 나는 대학생이다.
야　스뚜젠트

Он врач. 그는 의사이다.
온　브라치

2. 의문 대명사 KTO와 지시 대명사 ÉTO

кто는 "누구"를 의미하는 의문대명사이다.

지시 대명사 **éто**는 사람이나 사물을 지칭할 때 사용된다.

- **Кто éто?** 이 사람은 누구입니까?
　크또　에따

- **Éто Антóн.** 이 사람은 안똔입니다.
　에따　안똔

- **Éто Натáша.** 이 사람은 나따샤입니다.
　에따　나따샤

- **Кто éто?** 이 사람은 뭐하시는 분입니까?
　크또　에따

- **Éто врач.** 이 사람은 의사입니다.
　에따　브라치

- Э́то студе́нт.　이 사람은 대학생입니다.
에따　스뚜젠트

3. 소유 대명사 "나의 −": 소유 대명사는 뒤에 오는 명사의 성에 따라 мой, моя́, моё가 온다.

남성	мой	여성	моя́	중성	моё
мой оте́ц	나의 아버지	моя́ ма́ма	나의 엄마		
мой брат	나의 형제	моя́ сестра́	나의 여형제		
мой дом	내 집	моя́ ко́мната	내 방	моё окно́	내 창문

4. 인칭 대명사 он, она́, оно́

남성	여성	중성
он	она́	оно́

러시아에서 인칭 대명사 он과 она́는 활동체 명사 뿐만 아니라, 비활동체 명사도 지칭한다.

Ива́н		Ольга	
이반		올가	
студе́нт	он	студе́нтка	она́
스뚜젠트	온	스뚜젠뜨까	아나
дом		кни́га	
돔		끄니가	
журна́л		ко́мната	
주르날		꼼나따	

예문
Э́то Ива́н. Он студе́нт.　이 사람은 이반이다.　그는 대학생이다.
에따　이반　온　스뚜젠트

Э́то дом. Он сле́ва.　이것은 집이다. 그것은 왼쪽에 있다.
에따　돔　온　슬례바

Э́то Ни́на. Она́ студе́нтка.　이 사람은 니나이다. 그녀는 여대생이다.
에따　니나　아나　스뚜젠뜨까

Э́то кни́га. Она́ спра́ва.　이것은 책이다. 그것은 오른쪽에 있다.
에따　끄니가　아나　스쁘라바

표 현 따 라 하 기

- 이름을 말할 때 사용하는 표현

Меня́ зову́т _____.   제 이름은 _____ 입니다.
미냐   자부트

- Меня́ зову́т   Ната́ша.   나따샤
  미냐   자부트   나따샤

              Ко́ля.   꼴랴
              꼴랴

              Анто́н.   안똔
              안똔

              Ве́ра.   베라
              베랴

- 사람을 소개할 때 사용하는 표현

Э́то _____.   이분은(이 사람은) _____ 입니다.
에따

- Э́то   мой оте́ц.   나의 아버지
  에따   모이 아쩨쯔

        мой брат.   나의 형(동생)
        모이 브라트

        моя́ ма́ма.   나의 어머니
        마야   마마

        моя́ сестра́.   나의 누나(여동생)
        마야   시스뜨라

- 직업 표현

- Кто ты?   너는 뭐 하는 사람이니?
  크또 뜨이

- Я студе́нт.   나는 대학생이야
  야 스뚜젠트

- Кто он?   그는 뭐 하는 사람이니?
  크또 온

- Он журнали́ст   그는 기자야.
  온   주르날리스트

- Кто она́?
  크또   아나

그녀는 뭐 하는 사람이니?

- Она́ врач
  아나   브라치

의사야.

4단계

러시아어로 말하기 🎧

диалог 1
상황 : 처음 만났을 때 자기 소개

- Дава́йте познако́мимся.
  다바이쩨   빠즈나꼬밈샤

  Меня́ зову́т Ива́н Ивано́в.
  미냐   자부트   이반   이바노프

  А вас?
  아   바스

- Меня́ зову́т Ната́ша Никола́ева.
  미냐   자부트   나따샤   니깔라예브나

  О́чень прия́тно.
  오첸   쁘리아뜨노

- -

– 인사하고 지냅시다.
  저는 이반 이바노프입니다.
  당신 성함은요?
– 저는 나따샤 니꼴라예브나입니다.
  만나서 반갑습니다.

диалог 2

상황 : 길거리 인터뷰

- Как вас зову́т?
  까크   바스   자부트

- Меня́ зову́т Алекса́ндр.
  미냐   자부트   알릭산드르

- А как фами́лия?
  아   까크   파밀리야

- Фами́лия Петро́в.
  파밀리야   삐뜨로프

- **Кто вы?**
  크또 　브이

- **Я студе́нт.**
  야 　스뚜젠트

- -

– 이름이 뭔가요?
– 알렉산드르입니다.
– 성은요?
– 뻬뜨로프입니다.
– 직업은요?
– 대학생입니다.

5단계

함께 연습하기

1. 다음 그림을 보고 **Кто э́то?** 질문에 답하세요.

2. 다음 그림을 보면서 이름과 성을 묻고 답하는 대화를 연습하세요.

Меня́ зову́т Ива́н. 제 이름은 이반입니다.
미냐　자부트　이반

Кто э́то? 이 분은 누구십니까?
크또　에따

Э́то мой оте́ц. 이 분은 저의 아버지입니다.
에따　모이　아쩨쯔

Кто он? 그는 누구십니까?
크또　온

Он студе́нт. 그는 대학생입니다.
온　스뚜젠트

러시아 문화와의 만남

• 러시아인의 이름

러시아인들이 세례명을 이름으로 사용하기 시작한 때는 988년 기독교 도입 이후였다. 교회에서 지어주는 세례명 이외에 아이들에게 세속적인 이름 혹은 별명을 하나 더 지어주는 관행이 있었다. 별명은 해당 인물의 직업(Рыбак 어부), 거주지(Донской 돈 강에 사는 사람), 외모(Толстой 뚱보), 성격(Лентяй 게으름뱅이)에 따라 붙여졌다.

• 러시아에서 흔한 이름은 다음과 같다.

Ольга	성스러운 여자	Виктор	승리자
Мария	사랑스러운 여자	Александр	수호자
Светлана	밝은 여자	Пётр	돌(세례명 ; 베드로)
Марина	바다의 여자	Владимир	세계를 정복한 사람
Наталья	자연을 좋아하는 여자	Андрей	용감한 사람
Людмила	사람들에게 친절한 여자	Иван	(세례명 : 요한)

Что это?

Москва́ - столи́ца Росси́и.
마스끄바   스딸리짜   라시이

Э́то центр Москвы́. Э́то Кра́сная пло́щадь, а э́то Кремль.
에따   쩬뜨르   마스끄브이 에따   끄라스나야   쁠로샤찌 아 에따   끄레믈

Э́то Собо́р Васи́лия.
에따   사보르   바실리야

Э́то Большо́й теа́тр.
에따   발쇼이   찌아뜨르

Москва́ - о́чень краси́вый го́род.
마스끄바   오친   끄라시브이   고로트

모스크바는 러시아의 수도입니다.
여기가 모스크바의 시내입니다. 이것은 붉은 광장이고, 이것은 끄레믈입니다.
이것은 바실리 성당입니다.
이것은 볼쇼이 극장입니다.
모스크바는 매우 아름다운 도시입니다.

단어와 숙어 익히기

- Москва́
  마스끄바

  모스크바

- столи́ца
  스딸리짜

  수도

- Росси́я
  라시야

  러시아

- э́то
  에따

  이것은

- центр
  쩬뜨르

  시내

- кра́сный
  끄라스느이

  붉은

- пло́щадь
  쁠로샤찌

  (여성명사) 광장

- a
  아

  그런데

- Кремль
  끄레믈

  끄레믈궁

- собо́р
  사보르

  성당, 사원

- большо́й
  발쇼이

  큰

- теа́тр
  찌아뜨르

  극장

- о́чень
  오친

  매우

- краси́вый
  끄라시브이

  아름다운

- го́род
  고로트

  도시

문 법 따라잡기

1. 의문대명사 **что**와 지시 대명사 **э́то**

사람이나 동물을 지칭하는 활동체명사의 경우에 의문대명사 **кто**를 사용하고, 사물을 지칭하는 비활동체명사의 경우에는 **что**를 사용한다.

지시대명사 **э́то**는 사람, 동물, 사물을 지칭할 때 모두 사용된다.

Кто э́то?	Что э́то?
Э́то Оле́г	Э́то теа́тр.
Э́то студе́нт.	Э́то дом.

2. 형용사

형용사는 그것이 수식하는 명사의 성, 수, 격에 일치한다.

	남성	여성	중성
주격	большо́й дом	больша́я маши́на	большо́е зда́ние
	краси́вый го́род	краси́вая студе́нтка	краси́вое мо́ре
	но́вый теа́тр	но́вая кни́га	но́вое окно́

3. 명사생격

생격은 우리말의 "~의"라는 조사에 해당되며 소유관계, 소속관계를 나타낸다.
남성과 중성 명사의 생격형태는 -а/-я이고, 여성은 -ы/-и 이다.

예문 Э́то дом бра́та.   이것은 동생의 집이다.
  에따 돔   브라따

Э́то кни́га сестры́.   이것은 여동생의 책이다.
  에따 끄니가   시스뜨르이

Э́то столи́ца Росси́и.   이것이 러시아의 수도이다.
  에따 스딸리짜   라시이

	남성	여성	중성
주격	брат	сестра́	окно́
생격	бра́та - а	сестры́ - ы	окна́ - а

표 현 따라하기

- **아침 인사**

  - Дóброе ýтро!
    도브로에   우뜨로
    좋은 아침입니다.

- **낮인사**

  - Дóбрый день!
    도브르이   젠
    좋은 하루입니다.

- **저녁인사**

  - Дóбрый вéчер!
    도브르이   베체르
    좋은 저녁입니다.

- **밤인사**

  - Спокóйной нóчи!
    스빠꼬이노이   노치
    안녕히 주무세요.

- **헤어질 때 인사**

  - До свида́ния.
    다   스비다니야
    안녕히 가세요./계세요.

- Пока,
  빠까

  (친구끼리)안녕.

- Всего доброго(хорошего).
  프시보   도브로보   하로셰보

  안녕히 가세요.

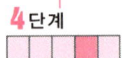

러시아어로 말하기 🎧

디алог 1

- Что это?
  쉬또   에따
- Это Красная площадь.
  에따   끄라스나야   쁠로샤찌
- А что это?
  아   쉬또   에따
- Это Кремль.
  에따   끄레믈

- -

– 이것은 무엇입니까?
– 이것은 붉은 광장입니다.
– 그런데 이것은 무엇입니까?
– 이것은 끄레믈 궁입니다.

디алог 2

- Это центр. Это парк, а это Кремль.
  에따   쩬뜨르   에따   빠르크   아 에따   끄레믈
- А что это? Это собор?
  아 쉬또   에따   에따   사보르
- Да, это собор.
  다   에따   사보르
- А это театр?
  아   에따 찌아뜨르
- Нет, это не театр, а музей.
  니예트 에따 니 찌아뜨르 아 무제이

– 여기는 시내입니다. 이것은 공원이고, 이것은 끄레믈궁입니다.
– 그런데 이것은 무엇인가요? 이것은 사원인가요?
– 네, 이것은 사원입니다.
– 그런데 이것은 극장인가요?
– 아뇨, 이것은 극장이 아니고, 박물관입니다

5 단계

함께 연습하기

1. 다음 지도를 보면서 Что э́то? 질문에 러시아어로 답하시오.

2. 다음 그림을 보면서 Что э́то? 질문에 답하시오.

3. 알맞은 형용사를 괄호 안에 넣으시오.

(1) Э́то (새로운) дом.

(2) Э́то (아름다운) студе́нтка.

(3) Э́то (큰) зда́ние.

4. 괄호안 단어를 알맞은 격 형태로 고치시오.

(1) Сеу́л - столи́ца (Коре́я).

(2) Э́то це́нтр (го́род).

(3) Э́то кни́га (сестра́).

(4) Э́то дом (брат).

5. 다음을 러시아어로 옮기시오.

(1) 이것은 무엇입니까?

(2) 이것은 극장입니다.

(3) 모스크바는 러시아의 수도입니다.

(4) 여기가 모스크바의 시내입니다.

(5) 모스크바는 매우 아름다운 도시입니다.

기억하기

Что э́то? 이것은 무엇입니까?
쉬또   에따

Э́то теа́тр. 이것은 극장입니다.
에따   찌아뜨르

Э́то компью́тер бра́та. 이것은 형의 컴퓨터입니다.
에따   깜쀼쩨르   브라따

Москва́ - о́чень краси́вый го́род.
마스끄바   오친   끄라시브이   고로트

모스크바는 매우 아름다운 도시입니다.

Урок 4

Наш дом.

Наш дом.
나쉬 돔

Вот здесь наш дом. Наш дом не большо́й, но удо́бный.
보트 즈제시 나쉬 돔 나쉬 돔 니 발쇼이 노 우도브느이

Э́то моя́ ко́мната. Моя́ ко́мната широ́кая и све́тлая.
에따 마야 꼼나따 마야 꼼나따 쉬로까야 이 스볘뜰라야

Э́то ко́мната сестры́. Её ко́мната всегда́ чи́стая.
에따 꼼나따 시스뜨르이 이요 꼼나따 프시그다 치스따야

Вот наш ма́ленький сад.
보트 나쉬 말렌끼이 사트

우리 집.
바로 여기가 우리 집이야. 우리 집은 크지는 않지만 편안해.
이것이 내 방이야. 넓고 환한 방이야.
이것은 여동생 방이야. 그 애 방은 항상 깨끗하단다.
여기가 우리의 작은 정원이야.

단 어 와 숙 어 익 히 기

- **вот**
  보트
  자(여기)

- **здесь**
  즈제시
  여기에

- **наш**
  나쉬
  (소유대명사) 우리의

- **дом**
  돔
  집

- **не**
  니
  (부정소사) –아니다

- **широ́кий**
  쉬로끼이
  넓은

- **но**
  노
  그러나

- **удо́бный**
  우도브느이
  편안한

- **мой**
  모이
  (소유대명사) 나의

- **ко́мната**
  꼼나따
  방

- **све́тлый**
  스베뜰르이
  밝은

- **всегда́**
  프시그다
  항상

- **чи́стый**
  치스뜨이
  깨끗한

- **ма́ленький**
  말렌끼이
  작은

- **сад**
  사트
  정원

- **э́тот**
  에또트
  (지시대명사) 이

문법 따라잡기

1. 형용사의 기능과 사용법

러시아어에서 형용사가 명사를 수식할 때는 명사의 성, 수, 격에 일치한다.
러시아어에서 형용사는 한정적 수식의 기능과 술어의 기능을 수행한다.

(1) 한정적 수식의 기능

아름다운 집	краси́вый дом 끄라시브이　돔
아름다운 여대생	краси́вая студе́нтка 끄라시바야　스뚜젠뜨까
아름다운 바다	краси́вое мо́ре 끄라시보예　모레

(2) 술어기능

이 집이 아름답다.	Э́тот дом краси́вый 에또트　돔　끄라시브이
이 여대생이 아름답다.	Э́та студе́нтка краси́вая. 에따　스뚜젠뜨까　끄라시바야
바다는 아름답다.	Мо́ре краси́вое. 모레　끄라시보예

	남성	여성	중성
주격	большо́й дом краси́вый го́род но́вый теа́тр	больша́я маши́на краси́вая студе́нтка но́вая кни́га	большо́е зда́ние краси́вое мо́ре но́вое окно́

2. 소유대명사

소유대명사도 형용사처럼 수식하는 명사의 성, 수, 격에 따라 변화한다. 단, 3인칭 소유대명사 его́ / её / их는 수식하는 명사의 성, 수, 격에 관계없이 앞에 붙인다.

남성 단수 명사와 결합	мой 나의	наш 우리의	дом
	твой 너의	ваш 당신의	друг
	его́/её 그의/그녀의	их 그들의	стол

여성 단수 명사와 결합	моя́	на́ша	кни́га
	твоя́	ва́ша	ко́мната
	его́/её	их	маши́на

중성 단수 명사와 결합	моё	на́ше	письмо́
	твоё	ва́ше	перо́
	его́/её	их	ра́дио

"소유한 사람"에 대해 물을 때는 의문대명사 **чей, чья, чьё, чьи**를 수식하는 명사의 성, 수, 격에 따라 사용한다.

 - Чей э́то журна́л? 이것은 누구의 잡지이니?
체이   에따   주르날

- Э́то мой журна́л. 이것은 내 잡지야.
에따   모이   주르날

- Чья э́то кни́га? 이것은 누구의 책이니?
치야   에따   끄니가

- Э́то её кни́га. 이것은 그녀의 책이야.
에따   이요   끄니가

- Чьё э́то ра́дио? 이것은 누구의 라디오니?
치요   에따   라지오

- Э́то на́ше ра́дио. 이것은 우리 라디오야.
에따   나셰   라지오

- Вот здесь наш дом. 여기가 바로 우리 집이다.
보트   즈제시   나쉬   돔

- Моя́ ко́мната удо́бная и све́тлая. 내 방은 편하고, 밝다.
마야   꼼나따   우도브나야 이 스베뜰라야

4. 지시 대명사

"이~, 그~"의 지시적 의미를 갖는 지시대명사는 형용사의 기능을 수행하며, 형용사처럼 수식하는 명사의 성, 수, 격에 따라 변화한다.

	단수 주격
남성	э́тот сад 이 정원
여성	э́та ко́мната 이 방
중성	э́то окно́ 이 창문

예고 Э́то окно́. 이것은 창문이다.
에따   아끄노

Э́то окно́ широ́кое. 이 창문은 넓다.
에따   아끄노   쉬로꼬예

3단계

표현 따라하기

• **고마움의 표현**

- Спаси́бо. 감사합니다.
  스빠시보

  Благодарю́.
  블라가다류

- Не за что. 천만에요.
  니 자 쉬또

  Не сто́ит.
  니   스또이트

  Пожа́луйста.
  빠잘루이스따

• **미안함의 표현**

- Извини́ / Извини́те. 죄송합니다.
  이즈비니   이즈비니쩨

  Прости́ / Прости́те.
  쁘라스찌   쁘라스찌쩨

- Ничего́. 괜찮습니다.
  니치보

  Пожа́луйста.
  빠잘루이스따

러시아어로 말하기 🎧

диалог 1
상황 : 집 구경

- Чья э́то ко́мната?
  치야　에따　　꼼나따

- Э́то моя́ ко́мната.
  에따　마야　　꼼나따

- Твоя́ ко́мната о́чень краси́вая.
  뜨바야　　꼼나따　　오친　　꼬라시바야

- Спаси́бо.
  스빠시보

- -

– 이건 누구의 방이니?
– 이건 내 방이야.
– 네 방은 매우 예쁘다.
– 고마워

диалог 2

- Чья э́то кни́га?
  치야　에따　　끄니가

- Э́то моя́ кни́га.
  에따　마야　　끄니가

  А э́то чья?
  아　에따　치야

- Э́то кни́га Ива́на.
  에따　　끄니가　　이바나

- -

– 이것은 누구의 책입니까?
– 이것은 내 책입니다.
  그런데 이것은요?
– 이것은 이반의 책입니다.

함께 연습하기

1. 다음 그림을 보면서 러시아어로 집을 소개하시오.

> 보기 Это ку́хня.

2. 형용사를 알맞은 형태로 넣으시오.

(1) Э́то (넓은) дом.

(2) Она́ всегда́ (아름답다).

(3) Э́то (새로운) зда́ние.

(4) Наш дом (깨끗하다).

3. 알맞은 소유대명사, 지시대명사를 넣으시오.

(1) Э́то (나의) кни́га.

(2) Э́то (우리의) университе́т.

(3) (이) дом - большо́й и краси́вый.

(4) (그녀의) оте́ц - врач.

기억하기

- Наш дом не большо́й, но удо́бный. 우리집은 크진 않지만 편안하다.
  나쉬 돔 니 발쇼이 노 우도브느이

- Чья э́то ко́мната? 이것은 이것은 누구 방이니?
  치야 에따 꼼나따

- Э́то моя́ ко́мната. 이것은 내방이다.
  에따 마야 꼼나따

5

Что мы делаем вечером?

🎧

Что мы де́лаем ве́чером?
쉬또 므이 젤라옘 베체롬

Ве́чером я чита́ю газе́ту,
베체롬 야 치따유 가제뚜

а моя́ жена́ слу́шает му́зыку.
아 마야 제나 슬루샤예트 무즈이꾸

Мой сын, Ми́ша, слу́шает джаз.
모이 스인 미샤 슬루샤예트 좌스

우리는 저녁에 무엇을 할까요?
저녁에 나는 신문을 읽고,
아내는 음악을 듣지요.
아들 미샤는 재즈를 듣습니다.

단어와 숙어 익히기

- **что**
  쉬또
  (의문대명사) 무엇

- **мы**
  므이
  (인칭대명사) 우리

- **де́лать**
  젤라찌
  하다

- **ве́чером**
  베체롬
  저녁에. 명사 вечер의 조격 (참고 7과)

- **чита́ть**
  치따찌
  읽다

- **газе́та**
  가제따
  신문

- **журна́л**
  주르날
  잡지

- **мой, моя́, моё**
  모이   마야   마요
  (소유 대명사) 나의

- **жена́**
  제나
  아내

- **слу́шать**
  슬루샤찌
  듣다

- **му́зыка**
  무즈이까
  음악

- **джаз**
  좌스
  재즈

문법 따라잡기

1. 인칭대명사

1인칭 단수	나는	я	1인칭 복수	우리는	мы
2인칭 단수	너는	ты	2인칭 복수	너희들은	вы
3인칭 단수	그는	он	3인칭 복수	그들은	они́
	그녀는	она́			

친밀한 사이에는 **ты**를 사용한다. 부부지간, 부모자식, 형제사이, 친구사이 등에는 **ты**를 사용한다. 따라서 **ты**는 문맥에 따라 "너는" 또는 "당신은"으로 번역된다.

예문 **Что ты де́лаешь?**
쉬또 뜨이   젤라예쉬

(친구사이) 너는 뭐하고 있니?

(부부사이) 당신 뭐하고 있어요?

Вы는 2인칭 복수를 나타내기도 하지만, 공식적인 관계에서 "당신은"을 지칭하기도 한다.

예문 **Вы студе́нты?** 너희들은 대학생이니?
브이   스뚜젠뜨이

Вы Ива́н Ивано́в? 당신이 이반 이바노프씨입니까?
브이   이반   이바노프

2. 러시아어 동사의 현재 인칭변화(1)

러시아어 동사의 현재형은 현재 상태의 동작, 상태를 의미한다. 러시아어 동사의 현재형은 주어(я, ты, он/она́, мы, вы, они́)에 따라 변화한다. 러시아어 동사는 동사원형의 형태에 따라 1식, 2식으로 변화한다. 1식 동사의 어간은 반드시 모음으로 끝난다.

• 1식 동사 인칭변화

	де́лать (하다)	чита́ть (읽다)	слу́шать (듣다)
я	де́лаю	чита́ю	слу́шаю

ты	де́лаешь	чита́ешь	слу́шаешь
он / она́	де́лает	чита́ет	слу́шает
мы	де́лаем	чита́ем	слу́шаем
вы	де́лаете	чита́ете	слу́шаете
они́	де́лают	чита́ют	слу́шают

3. 명사의 대격

러시아어에서 타동사의 직접 목적어는 대격으로 나타낸다.
1) 사물을 나타내는 남성명사와 중성명사의 대격은 주격형과 동일하다.
　(사람이나 동물을 나타내는 활동체 남성명사의 대격은 7과 참고)

예문　Я чита́ю журна́л.　나는 잡지를 읽는다
　　　야　치따유　　주르날

　　　Он слу́шает ра́дио.　그는 라디오를 듣는다
　　　온　슬루샤예트　　라지오

2) 여성명사의 대격은 어미 -у(-ю)로 나타낸다.

예문　Я чита́ю газе́ту и кни́гу.　나는 신문과 책을 읽는다.
　　　야　치따유　　가제뚜　이 끄니구

　　　Они́ слу́шают му́зыку.　그들은 음악을 듣는다.
　　　아니　슬루샤유트　　무즈이꾸

성	비활동체 남성	여성	중성
주격	журна́л	кни́га	окно́
대격	журна́л 주격=대격	кни́гу -у	окно́ 주격=대격

표현 따라하기

• 동사 **читáть**와 **слýшать**의 사용법과 표현

- Я читáю газéту.
  야　치따유　　가제뚜

  журнáл.
  주르날

  ромáн.
  라만

  кни́гу.
  끄니구

나는　신문을 읽는다.

잡지를 읽는다.

소설을 읽는다.

책을 읽는다.

- Я слýшаю мýзыку.
  야　슬루샤유　무즈이꾸

  поп-мýзыку.
  빱　무즈이꾸

  джаз.
  좌스

  рáдио.
  라지오

  óперу.
  오빼루

  рок-мýзыку.
  록　무즈이꾸

나는　음악을 듣는다.

팝송을 듣는다.

재즈를 듣는다.

라디오를 듣는다.

오페라를 본다.

락음악을 듣는다.

- Слýшаю вас.
  슬루샤유　　바스

(전화에서) 여보세요.

러시아어로 말하기 🎧

диалог 1
상황 : 전화로 서로 하는 일을 물어본다.

- Что ты де́лаешь?
  쉬또   뜨이   젤라예쉬

- Я чита́ю рома́н. А ты что де́лаешь?
  야   치따유   라만   아 뜨이 쉬또   젤라예쉬

- Я де́лаю дома́шнее зада́ние.
  야   젤라유   다마쉬네예   자다니예

- -

– 너는 무엇을 하고 있니?
– 나는 소설을 읽고 있어. 너는 뭐하고 있니?
– 나는 숙제를 하고 있어.

диалог 2
상황 : 외출에서 돌아온 아빠가 엄마에게 딸에 대해 물어본다.

- Ла́ра до́ма?
  라라   도마

- Да, до́ма.
  다   도마

- Что она́ де́лает?
  쉬또   아나   젤라예트

- Она́ слу́шает му́зыку.
  아나   슬루샤예트   무즈이꾸

- -

– 라라 집에 있어?
– 예, 집에 있어요.
– 뭐하고 있어?
– 음악을 듣고 있어요.

함께 연습하기

1. 다음 그림을 보면서 Что он/она́ де́лает? 질문에 답하시오.

2. 다음 동사를 인칭변화 시키시오.

(1) Что ты (де́лать)?

(2) Я (чита́ть) кни́гу.

(3) Он (слу́шать) му́зыку.

(4) Они́ (слу́шать) ра́дио.

3. 다음을 러시아어로 말하시요.

(1) 그는 음악을 듣는다.

(2) 너는 무엇을 하고 있니?

(3) 나는 책을 읽고 있다.

(4) 그들은 잡지와 신문을 읽는다.

기억하기

- Что вы де́лаете? 당신은 무엇을 하고 있습니까?
  쉬또 브이   젤라예쩨

- Я чита́ю кни́гу. 나는 책을 읽고 있습니다.
  야 치따유   끄니구

- Я слу́шаю му́зыку. 나는 음악을 듣고 있습니다.
  야 슬루샤유   무즈이꾸

Я говорю по-русски.

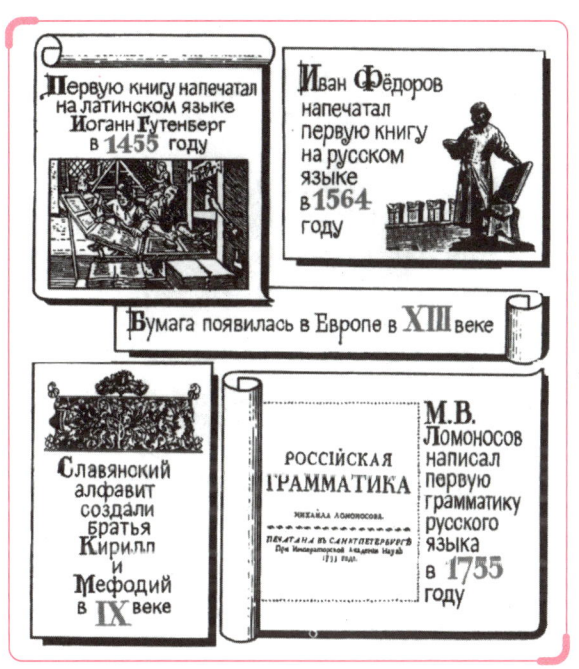

Я немно́го говорю́ по-ру́сски.
야   님노고   가바류   빠루스끼

Мой оте́ц то́же немно́го зна́ет ру́сский язы́к.
모이   아쩨쯔   또줴   님노고   즈나예트 루스끼이 이즈이크

Моя́ сестра́ хорошо́ говори́т по-англи́йски и по-францу́зски.
마야   시스뜨라   하라쑈   가바리트   빠 안글리이스끼   이 빠   프란쭈스끼

Мой брат прекра́сно говори́т по-япо́нски.
모이   브라트   쁘레끄라스노   가바리트   빠   이뽄스끼

나는 러시아어를 조금 말합니다.
나의 아버지도 러시아어를 조금 압니다.
나의 누나는 영어와 불어를 잘 말합니다.
나의 형은 일본어를 아주 잘합니다.

단어와 숙어 익히기

• немно́го 님노고	약간
• говори́ть 가바리찌	말하다
• по-ру́сски 빠 루스끼	러시아어로
• хорошо́ 하라쇼	잘
• по-англи́йски 빠 안글리이스끼	영어로
• и 이	그리고
• по-францу́зски 빠 프란쭈스끼	불어로
• то́же 또줴	또한
• знать 즈나찌	알다
• ру́сский 루스끼이	러시아의. Росси́я(러시아)의 형용사
• язы́к 이즈이크	언어
• прекра́сно 쁘레끄라스노	훌륭하게
• по-япо́нски 빠 이뽄스끼	일본어로

문법 따라잡기

1. 러시아어 동사 현재인칭변화 (2)

1식 동사 어간이 모음으로 끝나는 반면(чита-), 2식 동사 어간은 자음으로 끝나는 경우가 많다.

говори́ть(말하다)			
я	говорю́	мы	говори́м
ты	говори́шь	вы	говори́те
он/она́	говори́т	они́	говоря́т

예문 Я говорю́ по-ру́сски. 나는 러시아어를 말한다.
야　가바류　빠　루스끼

Я смотрю́ телеви́зор. 나는 TV를 본다.
야　스마뜨류　쩰레비조르

смотре́ть(보다)			
я	смотрю́	мы	смо́трим
ты	смо́тришь	вы	смо́трите
он / она́	смо́трит	они́	смо́трят

2. 러시아어 부사의 기능

부사는 동사를 수식하여 정도를 나타낸다.

мно́го 많게
므노고

немно́го 적게
님노고

хорошо́ 좋게
하라쇼

пло́хо 나쁘게
쁠로호

예문 Я хорошо́ говорю́ по-ру́сски. 나는 러시아어를 잘 말한다.
야　하라쇼　가바류　빠　루스끼

Я пло́хо чита́ю по-ру́сски. 나는 러시아어를 잘못 읽는다.
야   쁠로호   치따유   빠 루스끼

Я немно́го зна́ю ру́сский язы́к. 나는 러시아어를 약간 안다.
야   님노고   즈나유   루스끼이   이즈이크

3단계

표현 따라하기

• "외국어로 말하다, 읽다"의 표현

- Я говорю́   по-ру́сски   나는   러시아어로   말한다
  야 가바류   빠 루스끼

  чита́ю   по-англи́йски   영어로   읽는다
  치따유   빠 안글리이스끼

              по-францу́зски   불어로   хорошо́(잘).
              빠 프란쭈스끼   하라쇼

              по-неме́цки   독어로   пло́хо(잘못).
              빠 니몌쯔끼   쁠로호

              по-япо́нски   일어로   немно́го(약간).
              빠 이뽄스끼   님노고

              по-кита́йски   중국어로
              빠 끼따이스끼

              по-коре́йски   한국어로
              빠 까례이스끼

• "외국어를 알다"의 표현

- Я знаю   ру́сский язы́к   나는   러시아어를   안다
  야 즈나유   루스끼이   이즈이크

              англи́йский язы́к   영어를
              안글리이스끼이   이즈이크

              францу́зский язы́к   불어를   хоро́шо(잘).
              프란쭈스끼이   이즈이크   하라쇼

              неме́цкий язы́к   독일어를   пло́хо(잘못).
              니몌쯔끼이   이즈이크   쁠로호

              япо́нский язы́к   일본어를   немно́го(약간).
              이뽄스끼이   이즈이크   님노고

60 | 러시아어 첫걸음

китайский язык
끼따이스끼이 이즈이크

중국어를

корейский язык
까레이스끼이 이즈이크

한국어를

러시아어로 말하기 🎧

диалог 1

-Джон, ты хорошо говоришь по-русски?
존 뜨이 하라쇼 가바리쉬 빠루스끼

-Нет, ещё очень плохо.
니예트 이쑈 오친 쁠로호

Русский язык очень трудный.
루스끼이 이즈이크 오친 뜨루드느이

- -

– 존, 너는 러시아어를 잘 말히니?
– 아니, 아직까지는 아주 잘못해.
러시아어는 아주 어려워.

диалог 2

- Вы знаете русский язык?
브이 즈나예쩨 루스끼이 이즈이크

- Нет, я не знаю. Я не говорю по-русски.
니예트 야 니 즈나유 야 니 가바류 빠루스끼

- -

– 당신은 러시아어를 아시나요?
– 아뇨, 나는 모릅니다. 나는 러시아어로 말하지 못합니다.

диалог 3

- Ты читаешь по-английски?
뜨이 치따예쉬 빠 안글리이스끼

- Да, читаю, но не говорю.
다 치따유 노 니 가바류

- -

– 너는 영어를 읽을 수 있니?
– 응, 읽을 수 있지만, 말은 하지 못해.

함께 연습하기

1. 앙케이트

Ваш родно́й язы́к _____

Каки́е языки́ вы зна́ете _____

2. 다음 동사를 인칭변화시키시오.

(1) Я (смотре́ть) телеви́зор.

(2) Он (говори́ть) по-англи́йски.

(3) Они́ (говори́ть) по-япо́нски.

(4) Я (говори́ть) по-кита́йски.

3. 다음을 러시아어로 말하시오.

(1) 당신은 러시아어를 말할 수 있나요?

(2) 나는 러시아어를 조금 합니다.

(3) 그는 영어를 잘 안다.

(4) 나의 모국어는 한국어이다.

(5) 그녀는 영어를 잘 읽는다.

기억하기

говори́ть по-ру́сски 러시아어로 말하다.
가바리찌　　　빠루스끼

чита́ть по-англи́йски 영어로 읽다.
치따찌　　빠　안글리이스끼

знать ру́сский язы́к 러시아어를 알다.
즈나찌　　루스끼이　이즈이크

знать англи́йский язы́к 영어를 알다.
즈나찌　　안글리이스끼이　이즈이크

Урок

7

Что мы любим?

Что мы лю́бим?
쉬또 므이 류빔

Я люблю́ чита́ть. И я мно́го чита́ю кни́ги.
야 류블류 치따찌 이 야 므노고 치따유 끄니기

Мой брат о́чень лю́бит компью́тер.
모이 브라트 오친 류비트 깜쀼쩨르

Ка́ждый ве́чер он сиди́т за компью́тером.
까즈드이 볘체르 온 시지트 자 깜쀼쩨롬

Мы с бра́том иногда́ гуля́ем.
므이 즈 브라똠 이나그다 굴랴옘

우리가 좋아하는 것은?
나는 독서를 좋아합니다. 그래서 책을 많이 읽습니다.
내 동생은 컴퓨터를 아주 좋아합니다.
매일 저녁 동생은 컴퓨터를 합니다.
나와 동생은 가끔 산책을 합니다.

단어와 숙어 익히기

- **люби́ть**
  류비찌

  (II 식) 좋아하다

- **чита́ть**
  치따찌

  (I 식) 읽다

- **мно́го**
  므노고

  많이

- **кни́га**
  끄니가

  책

- **о́чень**
  오친

  매우

- **компью́тер**
  깜뿨쩨르

  컴퓨터

- **ка́ждый ве́чер**
  까즈드이   베체르

  매일 저녁

- **сиде́ть за**(+조격)
  시제찌   자

  ~에 앉아있다

- **с**(+조격)
  스

  ~와 함께

- **брат**
  브라트

  형제

- **иногда́**
  이나그다

  가끔

- **гуля́ть**
  굴랴찌

  산책하다

문법 따라잡기

1. 명사의 복수 주격과 대격

남성명사와 여성명사에서 복수주격어미는 -ы/-и이고, 중성명사에서는 -а/-я이다.
비활동체 명사일 경우 복수대격은 복수주격의 형태를 사용한다.

성/수	단수 주격	복수 주격
남성 명사	журна́л	журна́лы
여성 명사	газе́та	газе́ты
중성 명사	письмо́	пи́сьма

주어	동사	목적어	
Он	чита́ет	журна́л	журна́лы
Она́	чита́ет	газе́ту	газе́ты
Они́	чита́ют	письмо́	пи́сьма

2. люби́ть 동사의 사용

люби́ть 동사(좋아하다, 사랑하다)는 좋아하는 대상을 나타내는 직접목적어나 좋아하는 행위를 나타내는 동사원형과 결합한다. люби́ть 동사는 2식 변화를 하며, 1인칭 단수변화에서 -л이 삽입된다.

люби́ть + 명사 대격

주어	люби́ть 동사	대격 명사
Я	люблю́	компью́тер
Ты	лю́бишь	футбо́л
Он/Она́	лю́бит	бале́т
Мы	лю́бим	кино́
Вы	лю́бите	му́зыку
Они́	лю́бят	кни́ги

люби́ть + 동사원형

주어	люби́ть 동사	동사원형
Я	люблю́	чита́ть кни́ги
Ты	лю́бишь	смотре́ть фи́льмы

Он/Она́	лю́бит	смотре́ть бале́т
Мы	лю́бим	слу́шать о́перу
Вы	лю́бите	слу́шать му́зыку
Они́	лю́бят	пла́вать

3. сиде́ть

сиде́ть동사(앉다)는 2식 변화를 하며, 1인칭 단수 변화에서 д가 ж로 자음 전이된다.

Я	сижу́
Ты	сиди́шь
Он / Она́	сиди́т
Мы	сиди́м
Вы	сиди́те
Они́	сидя́т

4. 명사 조격

조격은 행위를 수행하는 방법이나 수단, 도구를 표현할 때 사용한다. "나는 연필로 쓴다"를 러시아어로 표현할 때, "연필로"를 조격으로 나타낸다.

남성명사와 중성명사의 조격 형태는 -ом/-ем이고, 여성명사는 -ои/-ей이다.

예문 Я пишу́ карандашо́м. 나는 연필로 쓴다.
    야   삐슈   까란다숌

Я пишу́ мело́м. 나는 분필로 쓴다.
야   삐슈   밀롬

행위를 공동으로 수행하는 인물을 나타낼 때도 전치사 c(영어의with)와 함께 조격을 사용한다.

예문 с бра́том 남동생과 함께
    즈   브라똠

с ма́мой 엄마와 함께
즈   마모이

"나와 동생은"을 러시아어로 표현할 때, 복수 1인칭 대명사를 사용하여, **мы с бра́том**

으로 나타낸다.

	주격	조격
남성 명사	брат	с бра́том
여성 명사	ма́ма	с ма́мой
중성 명사	окно́	ко́мната с большим окно́м

표 현 따 라 하 기

• сиде́ть за 표현

сиде́ть за 시제찌 자	компью́тером 깜뿌쩨롬	컴퓨터에	앉아있다.
	столо́м 스딸롬	식탁에	앉아있다.
	рабо́той 라보또이	일을	하다.

• С + 조격 표현

сала́т с ры́бой
살라트 스 르이보이   생선 샐러드

суп с мя́сом
수쁘 즈 먀솜   고기스프

га́мбургер с сы́ром
감부르게르 스 스이롬   치즈 햄버거

чай с мёдом
차이 즈 묘돔   꿀을 탄 차

студе́нтка с кни́гой
스뚜젠뜨까 스 끄니고이   책을 든 여대생

да́ма с соба́кой
다마 스 사바꼬이   개를 데리고 가는 여자

러시아어로 말하기 🎧

диалог 1
상황 : 좋아하는 음식에 대해 말한다

- Я люблю́ чай.
  야   류블류   차이

  А что ты лю́бишь?
  아   쉬또 뜨이 류비쉬

- Я люблю́ ко́фе.
  야   류블류   꼬페

- -

– 나는 차를 좋아해.
  너는 무엇을 좋아하니?
– 나는 커피를 좋아해.

диалог 2
상황 : 좋아하는 일에 대해 말한다.

- Что вы лю́бите де́лать?
  쉬또 브이 류비쩨   젤라찌

- Я люблю́ слу́шать му́зыку.
  야   류블류   슬루샤찌   무즈이꾸

  А что вы лю́бите?
  아 쉬또 브이 류비쩨

- Я люблю́ смотре́ть фи́льмы.
  야   류블류   스마뜨레찌   필르므이

- -

– 당신은 무엇을 하는 것을 좋아합니까?
– 나는 음악듣는 것을 좋아합니다.
  당신은 무엇을 좋아하나요?
– 나는 영화보는 것을 좋아합니다.

диалог 3
상황: 좋아하는 운동에 대해 말한다.

- Ко́ля лю́бит спорт.
  꼴랴 류비트   스뽀르트

Ты то́же лю́бишь спорт?

뜨이　또줴　류비쉬　스뽀르트

- **Коне́чно, люблю́.**

까녜쉬노　류블류

Я о́чень люблю́ и футбо́л, и бейсбо́л, и баскетбо́л.

야　오친　류블류　이　푸드볼　이　베이스볼　이　바스켓볼

– 꼴랴는 스포츠를 좋아해.
　너는 스포츠를 좋아하니?
– 물론, 좋아하지.
　나는 축구도, 야구도, 농구도 아주 좋아해.

5단계

함께 연습하기

1. 다음 그림을 보면서 **Что он/она́ лю́бит де́лать?**
　질문에 답하세요.

2. 다음을 러시아어로 옮기시오.

⑴ 당신은 무엇을 좋아하십니까?

⑵ 나는 영화를 좋아합니다.

⑶ 그는 무엇을 하는 것을 좋아하니?

⑷ 그는 음악듣는 것을 좋아한다.

⑸ 나는 스포츠를 아주 좋아한다.

Что ты лю́бишь? 너는 무엇을 좋아하니?
쉬또 뜨이 류비쉬

Я люблю́ спорт. 나는 스포츠를 좋아한다.
야 류블류 스뽀르트

Я люблю́ кино́. 나는 영화를 좋아한다.
야 류블류 끼노

러시아 문화와의 만남

• 러시아의 스포츠

러시아에서 가장 인기 있는 스포츠는 축구이다. 스빠르따끄와 지나모가 역사적인 전통을 가진 축구팀이다. 힘과 스피드를 이용한 적극적인 공격이 러시아 축구의 특징이다.

그 다음 인기 종목으로는 아이스 하키를 들 수 있는데, 러시아 겨울은 온통 눈과 빙판으로 덮여있기 때문에, 대중적으로 널리 즐기고 있다.

세 번째로는 테니스를 들 수 있다. 이 외에도 수영, 농구, 스키 등이 인기가 있다. 우리나라의 태권도에 대한 관심이 높아져서, 많은 사람들이 배우고 있다. 미국, 일본, 우리나라에서 인기가 높은 야구는 비 인기 종목이다.

8

О России.

🎧

О Росси́и.
아 라시이

Москва́ - столи́ца Росси́и.
마스끄바   스딸리짜   라시이

В го́роде - есть река́ Москва́.
브   고로제   예스찌   리까   바스끄바

В це́нтре го́рода - Кремль.
프   쩬뜨레   고로다   끄레믈

Санкт-Петербу́рг - на за́паде Росси́и.
상뜨   뻬쩨르부르크   나   자빠제   라시이

В го́роде - есть река́ Нева́.
브   고로제   예스찌   리까   네바

В це́нтре го́рода - Эрмита́ж.
프   쩬뜨레   고로다   에르미따쉬

러시아에 대해.
모스크바는 러시아의 수도이다.
모스크바 강이 도시를 흐르고 있다.
시내에는 끄레믈 궁이 있다.

상뜨 뻬쩨르부르그는 러시아의 서쪽에 있다.
네바 강이 도시를 흐르고 있다.
시내에는 에르미따쥐 박물관이 있다.

단어와 숙어 익히기

- **о**
  오
  (+전치격) ～에 대해

- **Росси́я**
  라시야
  러시아

- **Москва́**
  마스끄바
  모스크바

- **столи́ца**
  스딸리짜
  수도

- **в**
  브
  (+전치격) ～안에서, ～에서

- **го́род**
  고로트
  도시

- **есть**
  예스찌
  이다

- **река**
  리까
  강

- **центр**
  쩬뜨르
  중앙

- **Кремль**
  끄레믈
  끄레믈궁

- **Сант-Петербу́рг**
  상뜨 뻬쩨르부르크
  상뜨 뻬쩨르부르그

- **на**
  나
  (+전치격) ～위에, ～에서

- **за́пад**
  자빠트
  서쪽

- **Эрмита́ж**
  에르미따쉬
  에르미따쥐 박물관

문법 따라잡기

1. 전치격

전치격은 전치사와 사용하는 격이다. 남성, 여성, 중성 명사의 전치격어미는 모두 -e/-и 이다.

전치격은 주로 "～에 관해서"라는 의미의 전치사 o와 결합한다.

	남성	여성	중성
주격	друг	подру́га	мо́ре
전치격	о дру́ге	о подру́ге	о мо́ре
	-e	-e	-e

예문 Я ду́маю о дру́ге. 나는 친구를 생각한다.
　　　야　두마유　아　드루게

Я ду́маю о Росси́и. 나는 러시아를 생각한다.
야　두마유　아　라시이

또한 전치사 в, на 와 결합하여 "～에서"라는 장소를 표현한다. 전치사 в는 기본직으로 영어의 in(～안에서)에 해당되고, 전치사 на는 on(～위에서)에 해당된다.

비교 Кни́га в столе́. 책이 책상 안에 있다.
　　　끄니가　프　스딸례

Кни́га на столе́. 책이 책상 위에 있다.
끄니가　나　스딸례

В реке́ мно́го рыб. 강에 물고기가 많다. (рыб는 ры́ба의 복수 생격)
브　리꼐　므노고　르이쁘

Го́род Волгогра́д - на реке́ Во́лга. 볼고그라드 도시가 볼가강에 있다.
고로트　볼고그라트　　나　리꼐　볼가

전치사 в와 на의 의미가 변별적으로 "～안에", "～위에"로 나타내지 않고, "～에서"라는 장소의 표현을 나타낸다. восто́к(동), за́пад(서), юг(남), се́вер(북), ры́нок(시장), конце́рт(음악회), уро́к(수업) 등 몇몇 명사들은 전치사 на와 결합한다.

예문 В Москве́ - Кремль. 모스크바에 끄레믈궁이 있다.
　　　브　마스끄볘　　끄레믈

В Петербу́рге - Эрмита́ж. 뻬쩨르부르그에 에르미따쥐 박물관이 있다.
프   뻬쩨르부르게   에르미따쉬

Петербу́рг - на за́паде Росси́и. 뻬쩨르부르그는 러시아의 서쪽에 있다.
뻬쩨르부르크   나   자빠제   라시이

Я на конце́рте. 나는 음악회에 왔다.
야 나 깐쩨르쩨

2. 의문대명사 Где

"어디에"를 의미하는 의문대명사이다. где로 물으면, 장소의 표현, 즉 장소 부사 또는 전치사 в, на + 전치격을 사용하여 답한다.

예문 Где ты? 너는 어디에 있니?
그제 뜨이

Я до́ма. 나는 집에 있어.
야   도마

Где моя́ кни́га? 어디에 내 책이 있지?
그제 마야   끄니가

Она́ на столе́. 책상 위에 있어.
아나 나 스딸례

Где он? 그는 어디에 있어?
그제   온

Он в теа́тре. 극장에 갔어.
온 프 찌아뜨레

Где она́? 그녀는 어디에 있어?
그제   아나

Она́ на конце́рте. 음악회 갔어.
아나 나   깐쩨르쩨

3. 명사의 생격 (2)

명사의 생격은 "소유"의 의미뿐만 아니라 "소속"의 의미를 갖는다.

예문 Москва́ - столи́ца Росси́и. 모스크바는 러시아의 수도이다.
마스끄바   스딸리짜   라시이

Сеу́л - столи́ца Коре́и. 서울은 한국의 수도이다.
시울   스딸리짜   까레이

В це́нтре го́рода - Большо́й теа́тр. 시내에는 볼쇼이 극장이 있다.
프 쩬뜨레   고로다   발쇼이   찌아뜨르

표현 따라하기

• 장소의 표현

Коре́я	в Коре́е	한국에서
Росси́я	в Росси́и	러시아에서
Сеу́л	в Сеу́ле	서울에서
Москва́	в Москве́	모스크바에서
го́род	в го́роде	도시에서
шко́ла	в шко́ле	학교에서
восто́к	на восто́ке	동쪽에서
за́пад	на за́паде	서쪽에서
юг	на ю́ге	남쪽에서
се́вер	на се́вере	북쪽에서
конце́рт	на конце́рте	음악회에서
уро́к	на уро́ке	수업시간에

러시아어로 말하기

диалог 1

상황 : 지리시간에 교사가 학생에게 질문한다.

- Где Санкт-Петербу́рг?
  그제   상뜨   뻬쩨르부르크

- Санкт-Петербу́рг на за́паде Росси́и.
  상뜨   뻬쩨르부르크   나   자빠제   라시이

- А где Владивосто́к?
  아   그제   블라지바스또크

- Владивосто́к на восто́ке Росси́и.
  블라지바스또크   나   바스또께   라시이

– 어디에 상뜨 뻬쩨르부르그가 있나요?
– 상뜨 뻬쩨르부르그는 러시아 서부에 있습니다
– 블라디보스톡은 어디에 있나요?
– 블라디보스톡은 러시아 동부에 있습니다.

диалог 2
상황 : 핸드폰 통화

- Алло́. Ла́ра! Э́то я.
  알로   라라   에따 야

  Где ты?
  그제   뜨이

- Я на конце́рте.
  야 나   깐쩨르쩨

  Ве́чером созвони́мся.
  베체롬   사즈바님샤

– 여보세요. 라라! 나야.
  너 어디 있니?
– 음악회장에 있어.
  저녁때 통화하자

5단계

함께 연습하기

1. 알맞은 전치사를 넣고 격변화시키시오.

(1) (   ) (центр) го́рода - Кремль.

(2) Она́ (   ) (концерт).

(3) Мы (   ) (теа́тр).

(4) Они́ (   ) (музе́й).

2. 다음 그림을 보면서 질문에 답하시오.

Где сейча́с Анто́н?

Где сейча́с Дени́с и ма́ма?

Где сейча́с И́нна и И́ра?

Где сейча́с Ю́ра?

3. 다음을 러시아어로 옮기시오.

(1) 뻬쩨르부르그는 러시아 서부에 있다

(2) 시베리아는 러시아 북부에 있다.

(3) 너 어디 있니?

(4) 모스크바에는 끄레믈궁과 붉은 광장이 있다.

기억하기

- **Где он?** 그는 어디있니?
  그제   온

- **Он на уро́ке.** 그는 수업중이다.
  온   나   우로께

- **Москва́ - столи́ца Росси́и.** 모스크바는 러시아의 수도이다.
  마스끄바   스딸리짜   라시이

- **Санкт-Петербу́рг - на за́паде Росси́и.**
  상뜨   뻬쩨르부르크   나   자빠제   라시이

상뜨 뻬쩨르부르그는 러시아 서부에 있습니다.

Где мы живём?

Где мы живём?
그제 므이 쥐 봄

Я живу́ в Москве́. Я рабо́таю в це́нтре го́рода.
야 쥐부 브 마스끄볘 야 라보따유 프 쩬뜨례 고로다

Я люблю́ жить в го́роде.
야 류블류 쥐찌 브 고로제

Потому́ что в го́роде всё есть : теа́тр, университе́т, метро́,
빠따무 쉬또 브 고로제 프쇼 예스찌 찌아뜨르 우니비르시쩨트 미뜨로

универма́г и т. д.   Како́й удо́бный го́род!
우니비르마크 이 따크 달례예 까꼬이 우도브느이 고로트

Но мои́ роди́тели лю́бят приро́ду и чи́стый во́здух, и живу́т в
노 마이 라지쩰리 류뱌트 쁘리로두 이 치스뜨이 보즈두흐 이 쥐부트 브

дере́вне.
지례브네

우리가 사는 곳?
나는 모스크바에 삽니다. 시내에서 일을 하지요. 나는 도시에 사는 것이 좋습니다.
왜냐하면 도시에는 극장, 대학, 지하철, 백화점 등 모든 것이 다 있기 때문입니다.
도시가 얼마나 편안한가!
하지만 나의 부모님은 자연과 맑은 공기를 좋아하셔서 시골에 사십니다.

단어와 숙어 익히기

• где 그제	(의문 대명사) 어디에?
• жить 쥐찌	(I식) 살다
• рабо́тать 라보따찌	(I식) 일하다
• центр го́рода 쩨뜨르 고로다	시내
• потому́ что 빠따무 쉬또	(접속사) 왜냐하면
• всё 프쇼	모든 것
• есть 예스찌	있다
• теа́тр 찌아뜨르	극장
• университе́т 우니비르시쩨트	대학
• метро́ 미뜨로	지하철
• универма́г 우니비르마크	백화점
• т. д. 따끄달례예	…등
• роди́тели 라지쩰리	(복수) 부모
• приро́да 쁘리로다	자연
• чи́стый 치스뜨이	깨끗한
• во́здух 보즈두흐	공기
• дере́вня 지례브냐	시골

문법 따라잡기

1. 동사 жить

동사 **жить**는 인칭변화에서 자음 -в-가 삽입되고, 장소를 나타내는 표현과 결합한다.

예문 **Где ты живёшь?** 너는 어디에 사니?
그제 뜨이 쥐뵤쉬

Я живу́ в Сеу́ле. 나는 서울에 살어.
야 쥐부 프 시울레

Я	живу́	в Санкт-Петербу́рге.
Ты	живёшь	в Москве́.
Он/Она	живёт	в Сеу́ле.
Мы	живём	на Украи́не.
Вы	живёте	на Тайва́не.
Они́	живу́т	на у́лице Арба́та.

2. 원인을 나타내는 접속사 потому́ что

потому́ что는 "왜냐하면"의 의미를 갖는다. 원인을 나타내는 문장 앞에 붙여 사용한다.

예문 **Они́ живу́т в дере́вне, потому́ что они́ лю́бят чи́стый во́здух.**
아니 쥐부트 브 지례브네 빠따무 쉬또 아니 류뱌트 치스뜨이 보즈두흐
그들은 맑은 공기가 좋아 시골에 산다.

예문 **Она́ у́чит ру́сский язы́к, потому́ что она лю́бит ру́сскую культу́ру.**
아나 우치트 루스끼이 이즈이크 빠따무 쉬또 아나 류비트 루스꾸유 꿀뚜루
그녀는 러시아 문화가 좋아 러시아어를 공부한다.

3. 의문대명사 како́й, кака́я, како́е, каки́е

이 의문대명사는 "어떤, 무슨"의 뜻을 가지며, 뒤에 오는 명사의 성, 수, 격에 일치하여 사용한다.

예문 **Како́й** э́то челове́к? 이 사람은 어떤 사람인가요?
까꼬이 에따 칠로벡

Кака́я э́то кни́га? 이것은 무슨 책인가요?
까까야 에따 끄니가

Како́е э́то зда́ние? 이것은 어떤 건물인가요?
까꼬예 에따 즈다니예

Каки́е э́то журна́лы? 이것은 무슨 잡지들인가요?
까끼예 에따 주르날르이

4. 감탄문

감탄문을 만들 때는 의문대명사 **како́й, кака́я, како́е, каки́е**를 수식하는 명사의 성, 수, 격에 일치시켜 사용한다.

예문 Э́то хоро́ший студе́нт. 이 사람은 훌륭한 대학생이다.
에따 하로쉬이 스뚜젠트

– **Како́й** хоро́ший студе́нт! 정말 훌륭한 대학생이구나!
까꼬이 하로쉬이 스뚜젠트

예문 Э́то удо́бная ко́мната. 이것은 편안한 방이다.
에따 우도브나아 꼼니따

– **Кака́я** удо́бная ко́мната! 정말 편안한 방이구나!
까까아 우도브나야 꼼나따

예문 Э́то но́вое зда́ние. 이것은 새로운 건물이다.
에따 노보예 즈다니예

– **Како́е** но́вое зда́ние! 아주 새로운 건물이구나!
까꼬예 노보예 즈다니예

예문 Э́то хоро́шие студе́нты. 이 사람들은 훌륭한 대학생들이다.
에따 하로쉬예 스뚜젠뜨이

– **Каки́е** хоро́шие студе́нты! 정말 훌륭한 대학생들이구나!
까끼예 하로쉬예 스뚜젠뜨이

표현 따라하기

● **감탄의 표현** : 의문대명사 **как**는 부사와 함께 감탄문을 만든다.

- Как хорошо́! 얼마나 좋은지!
  까크　　하라쇼

- Как пло́хо! 얼마나 나쁜지!
  까크　뽈로호

- Как удо́бно! 얼마나 편안한지!
  까크　우도브노

러시아어로 말하기

диалог 1

- Вы зна́ете, где живёт А́нна Петро́вна?
  브이 즈나예쩨 그제 쥐뵤트 안나 뻬뜨로브나

- Зна́ю. Она́ живёт на у́лице Дру́жбы.
  즈나유 아나 쥐뵤트 나 울리쩨 드루즈브이

– 안나 뻬뜨로브나가 어디에 사는 지 당신은 알고 계신가요?
– 압니다. 그녀는 드루즈바(우정) 거리에 살고 있습니다.

диалог 2

- Ви́ктор, приходи́ в го́сти.
  빅또르　　쁘리하지　브 고스찌

  Я живу́ на у́лице Го́рького. Дом 5, кварти́ра 10.
  야 쥐부 나 울리쩨 고리꼬보　　돔 빠찌 끄바르찌라 제샤찌

- Спаси́бо, Ни́на.
  스빠시보　　니나

– 빅또르, 우리집에 놀러와.

나는 고리끼 거리에 살아. 5동 10호야.
– 고마워, 니나.

диалог 3

- Где вы живёте?
  그제   브이   쥐보쩨

- Я живу́ в Сеу́ле.
  야   쥐부   프 시울레

- Ва́ши роди́тели то́же живу́т в Сеу́ле?
  바쉬   라지쩰리   또줴   쥐부트 프   시울레

- Нет. Они́ живу́т в Пуса́не.
  니예트   아니   쥐부트 프   부사네

- -

– 당신은 어디에 사시나요?
– 저는 서울에 삽니다.
– 부모님도 서울에 사시나요?
– 아뇨, 부모님은 부산에 사십니다.

5단계

함께 연습하기

1. ЖИТЬ 동사를 인칭변화시키시오.

(1) Где вы (   )?

(2) Я (   ) в Москве́.

(3) Он (   ) на ю́ге го́рода.

(4) Они́ (   ) в дере́вне.

2. 다음 보기 처럼 감탄문을 만드시오.

> 보기   Э́то краси́вый дом.
>
>   → Како́й краси́вый дом!

(1) Э́то хоро́ший студе́нт.

(2) Э́то больша́я ко́мната.

| 83

(3) Э́то краси́вое мо́ре.

(4) Э́то но́вые журна́лы.

3. 다음을 러시아어로 옮기시오.

(1) 너는 어디에 사니?

(2) 나는 시내에 살어.

(3) 얼마나 큰 도시인가!

(4) 부모님은 자연을 좋아하셔서 시골에 사신다.

기억하기 •

- Где вы живёте? 당신은 어디에 사십니까?
  그제   브이   쥐뵤쩨

- Я живу́ на ю́ге Се́ула. 나는 서울 강남에 삽니다.
  야   쥐부   나 유게   시울라

- Како́й краси́вый го́род! 참으로 아름다운 도시이구나!
  까꼬이   끄라시브이   고로트

10

Наша семья.

Наша семья.
나샤   시미야

У нас большая семья : дедушка, бабушка, родители, брат и
우 나스 발샤야   시미야   제두쉬까   바부쉬까   라지쩰리   브라트 이

сестра.
시스뜨리

Мои родители не работают. Они на пенсии.
마이 라지쩰리 니 라보따유트 아니 나 뻰시이

Мой брат работает в Америке.
모이 브라트 라보따예트 브 아메리께

Я часто пишу ему письма.
야 차스또 삐슈 이무 삐시마

Моя сестра школьница.
마야   시스뜨라   쉬꼴니짜

Я люблю брата и сестру.
야 류블류   브라따 이 시스뜨루

Они тоже любят меня.
아니 또줴 류뱌트 미냐

우리 가족.
우리 집은 대가족입니다. 할아버지, 할머니, 부모님, 오빠와 여동생이 있습니다.
부모님은 일을 하시지 않습니다. 연금을 받고 있습니다.
오빠는 미국에서 일합니다. 나는 자주 그에게 편지를 씁니다.
여동생은 중학생입니다.
나는 오빠와 여동생을 사랑합니다.
그들도 나를 사랑합니다.

단어와 숙어 익히기

- **наш**
  나쉬
  우리의

- **семья́**
  시미야
  가족

- **большо́й**
  발쇼이
  큰

- **де́душка**
  제두쉬까
  할아버지

- **ба́бушка**
  바부쉬까
  할머니

- **роди́тели**
  라지쩰리
  (복수) 부모

- **брат**
  브라트
  형제

- **сестра́**
  시스뜨라
  여형제

- **рабо́тать**
  라보따찌
  (Ⅰ식) 일하다

- **на пе́нсии**
  나   뻰시이
  연금을 받고 있다

- **Аме́рика**
  아메리까
  미국

- **писа́ть**
  삐사찌
  (Ⅰ식) 쓰다

- **письмо́**
  삐시모
  편지

- **ему́**
  이무
  (**OH**의 여격) 그에게

- **шко́льница**
  쉬꼴니짜
  (여자) 초등학생, 중학생

- **люби́ть(люблю́, лю́бишь:лю́бят)**
  류비찌   류블류   류비쉬   류뱌트
  (Ⅱ식) 사랑하다

문법 따라잡기

1. 소유의 표현

"~를 갖고 있다"는 소유의 표현은 전치사 y 다음에 인칭대명사 생격을 사용한다. 그 다음에 소유대상을 쓴다.

У меня́ 나는 우 미냐		дом 집이 있다 돔
У тебя́ 너는 우 찌뱌		кни́га 책이 있다 끄니가
У него́ / неё 그는 / 그녀는 우 니보 니요	есть 예스찌	маши́на 차가 있다 마쉬나
У нас 우리는 우 나스		вре́мя 시간이 있다 브례먀
У вас 당신은 우 바스		сестра́ 여형제가 있다 시스뜨라
У них 그들은 우 니흐		брат 형제가 있다 브라트

2. 동사 писа́ть

동사 писа́ть는 1식 변화를 하며, 인칭변화시 c가 ш로 자음전이 된다.
강세는 단수 1인칭 이외에는 어간에 떨어진다.

я	пишу́
ты	пи́шешь
он/она́	пи́шет
мы	пи́шем
вы	пи́шете
они́	пи́шут

3. 명사여격

여격은 행위가 향해지는 대상이나 인물을 나타내는 간접 목적어로 사용된다. 우리말의 "~에게"에 해당된다.

남성명사, 중성명사는 -у/-ю 여격 형태를 갖고, 여성명사는 -е/-и를 갖는다.

여격은 주로 писа́ть(쓰다), говори́ть(말하다), звони́ть(전화하다) 동사와 결합한다.

он	пи́шет	письмо́	бра́ту.
они́	пи́шут	письмо́	сестре́.
он	говори́т		дру́гу.
они́	говоря́т		ба́бушке.
он	звони́т		отцу́.
они́	звоня́т		ма́ме.

4. 인칭대명사 여격

예문 Я иногда́ пишу́ ему́ письмо́. 나는 가끔 그에게 편지를 쓴다.
야   이나그다   삐슈   이무   삐시모

Он ча́сто звони́т мне. 그는 자주 나에게 전화를 건다.
온   챠스또   즈바니트   므녜

주격	여격
я	мне
ты	тебе́
он / она́	ему́ / ей
мы	нам
вы	вам
они́	им

5. 형용사 여격 변화

예문 Я пишу́ письмо́ но́вому дру́гу. 나는 새 친구에게 편지를 쓴다.
야   삐슈   삐시모   노보무   드루구

Он говори́т но́вой студе́нтке. 그는 신입 여대생에게 말을 한다.
온   가바리트   노보이   스뚜젠뜨께

	남성	여성	중성
주격	но́вый хоро́ший	но́вая хоро́шая	но́вое хоро́шее
여격	но́вому хоро́шему	но́вой хоро́шей	но́вому хоро́шему

6. 남성 활동체 명사 대격

남성명사 중에서 사람이나 동물을 나타내는 활동체 명사의 대격은 생격형을 사용한다.

예문 Я зна́ю студе́нта. 나는 대학생을 알고 있다.
야   즈나유   스뚜젠따

Я люблю́ бра́та. 나는 형을 사랑한다.
야   류블류   브라따

비교 Э́то кни́га бра́та. 이것은 형의 책이다.
에따   끄니가   브라따

7. 인칭내명사의 대격

인칭 대명사의 대격은 다음과 같은 형태를 갖는다.

예문 Я люблю́ тебя́. 나는 너를 사랑한다.
야   류블류   찌빠

Мы хорошо́ зна́ем его́. 우리는 그를 잘 알고 있다.
므이   하라쇼   즈나옘 이보

Он понима́ет меня́. 그는 나를 이해한다.
온   빠님마예트   미냐

주격	대격
я	меня́
ты	тебя́
он / она́	его́ / её
мы	нас
вы	вас
они́	их

표 현 따 라 하 기 🎧

• 가족관계 표현

- У нас
  우 나스

  большáя семья́.
  발샤야   시미야

  мáленькая семья́.
  말렌까야   시미야

  небольшáя семья́.
  니발샤야   시미야

  우리는

  대가족이다

  소가족이다.

  대가족은 아니다.

- У меня́ есть
  우   미냐 예스찌

  стáрший брат.
  스따르쉬이 브라트

  млáдший брат.
  믈라드쉬이 브라트

  стáршая сестрá.
  스따르샤야 시스뜨라

  млáдшая сестрá.
  믈라드샤야 시스뜨라

  나는

  형(오빠)이 있다.

  남동생

  누나(언니)

  여동생

- У меня́ есть
  우   미냐 예스찌

  дéдушка.
  제두쉬까

  бáбушка.
  바부쉬까

  тётя.
  쪼쨔

  дя́дя.
  쟈쟈

  сын.
  스인

  дочь.
  도치

  나는

  할아버지가   계신다.

  할머니

  숙모

  숙부

  아들이   있다

  딸

러시아어로 말하기 🎧

диалог 1
상황 : 가족사진을 보며 대화를 나눈다.

- Кто э́то? Э́то твои́ роди́тели?
크또 에따 에따 뜨바이 라지쩰리

- Да, ма́ма и па́па.
다 마마 이 빠빠

- А у тебя́ есть брат и́ли сестра́?
아 우 찌뱌 예스찌 브라트 일리 시스뜨라

- Вот. Э́то сестра́, а э́то брат.
보트 에따 시스뜨라 아 에따 브라트

Он уже́ врач.
온 우줴 브라치

А у тебя́ есть фотогра́фии?
아 우 찌뱌 예스찌 포또그라피이

- Вот. Э́то ма́ма и па́па.
보트 에따 마마 이 빠빠

- У тебя́ есть сестра́ и́ли брат?
우 찌뱌 예스찌 시스뜨라 일리 브라트

- Нет. Я оди́н в семье́.
니예트 야 아진 프 시미예

– 이분들은 누구시니? 네 부모님이시니?
– 응, 엄마와 아빠야.
– 그런데 너는 형제가 없니?
– 여기, 이사람이 언니이고, 이 사람은 오빠야.
　그는 의사 선생님이야.
　그런데 너도 사진 갖고 있니?
– 여기. 엄마와 아빠야.
– 너는 형제가 있니?
– 없어. 나는 외아들이야.

диалог 2

- У вас больша́я семья́?
  우 바스 발샤야   시미야

- Нет, тро́е - жена́, я и дочь.
  니예트 뜨로예   줴나 야 이 도치

  А у вас кака́я семья́?
  아 우 바스 까까야 시미야

- У нас то́же ма́ленькая семья́ : роди́тели и я.
  우 나스 또줴   말렌까야   시미야   라지쩰리 이 야

- -

- 당신 집은 대가족인가요?
- 아뇨. 3명뿐이예요. 아내와 나 그리고 딸아이가 있어요.
- 당신 가족은 어떻게 되세요?
- 우리 집도 소가족이예요. 부모님과 나뿐이예요.

5단계

함께 연습하기

1. 인칭대명사를 알맞은 형태로 고치시오.

   (1) Он лю́бит (Я).

   (2) Я пишу́ (он) письмо́.

   (3) У (вы) есть брат.

   (4) Мы хорошо́ зна́ем (она́).

2. 다음 그림을 보면서, "у меня́…"표현을 사용하여 러시아어로
   말하시오.

  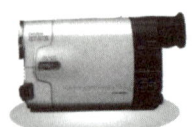 

3. 다음을 러시아어로 옮기시오.

(1) 우리 집은 대가족이다.

(2) 그녀는 여동생이 있다.

(3) 나는 친구에게 자주 편지를 쓴다.

(4) 그는 핸드폰을 갖고 있다.

(5) 너는 형제가 있니?

기억하기

- У нас большáя семья́. 우리 집은 대가족이다.
  우 나스   발샤야   시미야

- У нас мáленькая семья́. 우리 집은 소가족이다.
  우 나스   말렌까야   시미야

- У меня́ есть машѝна. 나는 자동차가 있다.
  우   미냐   예스찌   마쉬나

- У меня́ есть брат. 나는 형제가 있다.
  우   미냐   예스찌   브라트

러시아 문화와의 만남

• 마뜨료쉬까(матрёшка)

   둥근 얼굴, 둥근 몸통을 한 나무 인형 속에서 계속 똑같이 생긴 인형이 몇 개 나오는 러시아의 마뜨료쉬까 인형은 전세계적으로 사랑받는 러시아의 대표적 공예품이다. 러시아 농부의 딸을 모델로 하여, 머리에 두건을 두르고, 몸에는 사라판과 앞치마를 입고, 손에는 곡물이나, 꽃다발, 낫 등을 들고 있는 서민적인 모습을 화려한 색채로 선명하게   표현하고 있다. 최근에는 고르바쵸프, 엘친을 비롯하여 유명인들의 모습을 모델로 한 마뜨료쉬까도 등장하였다. 이 인형은 다산과 가족의 행복을 기원하는 의미를 담고 있다. 자고르스끼, 끼로프, 깔라닌, 고리끼 등에서 만든 인형이 가장 유명하다.

У него маленькая семья.

Я хорошо́ зна́ю Ви́ктора.

У него́ ма́ленькая семья́ : па́па, ма́ма и он.

У него́ нет ни бра́та, ни сестры́.

И он одино́кий.

А у меня́ есть брат и сестра́.

Поэ́тому он всегда́ зави́дует мне.

나는 빅또르를 잘 알고 있다.
그의 집은 소가족이다, 아빠, 엄마, 그리고 그가 가족 전부이다.
그는 형제가 아무도 없다.
그래서 그는 외롭다.
그런데 나는 형과 누나가 있다.
그래서 그는 항상 나를 부러워한다.

단어와 숙어 익히기

- знать   알다
- ма́ленький   작은
- ни… ни…   (소유 부정문에서)…도 …도
- одино́кий   외로운
- брат   형제
- сестра́   여형제
- поэ́тому   (접속사)따라서
- всегда́   항상
- зави́довать(зави́дую, зави́дуешь : зави́дуют)

  (Ⅰ식) (+여격)부러워하다

문법 따라잡기

1. 소유구문 부정 – 부정생격

"~을 가지고 있지 않다"를 표현할 때, у кого́ нет… 의 구문을 사용한다.
нет를 술어로 하는 문장에서 "존재하지 않는 대상"은 반드시 생격으로 나타낸다

У меня́ есть брат. 나는 형제가 있다.

У меня́ нет бра́та. 나는 형제가 없다.

У меня́ есть брат и сестра́. 나는 남동생과 여동생이 있다.

У меня́ нет ни бра́та, ни сестры́. 나는 형제가 아무도 없다.

У него́ есть маши́на. 그는 차가 있다.

У него́ нет маши́ны. 그는 차가 없다.

2. 소유구문에서 есть의 사용

есть는 대상의 소유나 존재를 강조할 때 사용한다.

У меня́ есть компью́тер. 나는 컴퓨터를 갖고 있다.

У меня́ есть дочь. 나는 딸이 있다.

대상의 존재나 소유에 초점을 맞추지 않고, 대상의 성질이나 특징을 표현할 때는 есть
를 생략한다.

У неё краси́вый го́лос. 그녀는 아름다운 목소리를 갖고 있다.

У него́ чёрные глаза́. 그는 검은 눈동자를 갖고 있다.

3. ни..., ни...

ни..., ни...는 부정문에서 명사 앞에 두고, 부정의 뜻을 강조한다.

У меня́ есть и брат, и сестра́. 나는 남동생도, 여동생도 있다.

У меня́ нет ни бра́та, ни сестры́. 나는 형제가 아무도 없다.

У него́ есть и журна́л, и газе́та. 그에게는 잡지도, 신문도 있다.

У него́ нет ни журна́ла, ни газе́ты.

그에게는 잡지도, 신문도 아무 것도 없다.

4. 동사 зави́довать

зави́довать는 "부러워하다"라는 의미를 가지며, 여격과 결합한다.
-ова-가 들어간 동사는 인칭변화에서 -у-로 변한다.

я	зави́дую	мы	зави́дуем
ты	зави́дуешь	вы	зави́дуете
он/она́	зави́дует	они́	зави́дуют

Я зави́дую ему́. 나는 그가 부럽다.

Чему́ вы зави́дуете? 당신은 뭐가 부럽습니까?

Я зави́дую его́ здоро́вью. 나는 그의 건강이 부럽습니다.

표 현 따 라 하 기

• знáть 동사 표현

- Я хорошó знáю егó. 나는 그를 잘 알고 있다.

- Откýда я знáю? 내가 어찌 알겠는가?

- Бог егó знáет. 아무도 모른다.

- Он хорошó знáет рýсский язы́к. 그는 러시아어를 잘 알고 있다.

• хорошó 표현

- Мне хорошó! 나는 좋다.

- Он хорошó ýчится. 그는 공부를 잘한다.

- Всё хорошó, что хорошó кончáется. 끝이 좋으면, 모든 것이 다 좋다.

러시아어로 말하기 🎧

диалог 1

- У вас есть де́ти?

- Да, у меня́ есть сын.

  А у вас?

- Нет, у меня́ нет.

- -

– 당신은 아이가 있나요?
– 네. 아들이 있습니다.
  당신은요?
– 없습니다.

диалог 2

- У вас есть брат и́ли сестра́?

- Нет, у меня́ нет ни бра́та, ни сестры́.

  Я оди́н в семье́.

  А у вас?

- У меня́ ста́рший бра́т и мла́дшая сестра́.

  Брат рабо́тает в фи́рме.

  Сестра́ у́чится в шко́ле.

- -

– 형이나 누나가 있나요?
– 형제가 한 명도 없어요.
  외아들입니다.
  당신은요?
– 저는 오빠와 여동생이 있어요.
  오빠는 회사에 다녀요.
  여동생은 학생이구요.

함께 연습하기

1. 다음 질문에 부정으로 답하시오.

(1) У вас есть брат?

_____

(2) У тебя́ есть сестра́?

_____

(3) У него́ есть кни́га?

_____

(4) У них есть компью́тер?

_____

2. 다음을 러시아어로 옮기시오.

(1) 나는 형제가 없다.

(2) 그는 신문도, 잡지도 아무 것도 갖고 있지 않다.

(3) 그녀는 아들이 없다.

(4) 나는 이반을 잘 알고 있다.

(5) 사샤는 가족이 많지 않다.

기억하기

- У меня́ нет маши́ны. 나는 자동차가 없다.
- У него́ нет ни бра́та, ни сестры́. 그는 형제가 아무도 없다.
- Я хорошо́ зна́ю его́. 나는 그를 잘 안다.

Я люблю спорт.

Я люблю́ спорт.

Ка́ждый день я хожу́ в бассе́йн.

В суббо́ту и в воскресе́нье я игра́ю в те́ннис.

Сейча́с я иду́ на стадио́н.

나는 스포츠를 좋아합니다.
매일 수영장에 다닙니다.
토요일과 일요일에는 테니스를 칩니다.
지금은 스타디움에 갑니다.

단어와 숙어 익히기

• спорт	스포츠
• ка́ждый день	매일
• ходи́ть	(Ⅱ식) 다니다
• бассе́йн	수영장
• воскресе́нье	일요일
• игра́ть	(Ⅰ식) (в + 대격) ~운동을 하다
• те́ннис	테니스
• сейча́с	지금
• идти́	(Ⅰ식) 가다
• стадио́н	경기장

문법 따라잡기

1. 동작동사 идти́와 ходи́ть

정태동사 идти́는 목적지를 향한 일정한 방향의 동작을 나타낸다.
방향을 나타내는 표현, в / на + 대격과 결합한다.

예문
Куда́ вы идёте? 당신은 어디 가십니까?

Я иду́ в магази́н. 나는 상점에 갑니다.

Куда́ ты идёшь? 너 어디 가니?

Я иду́ на стадио́н. 나는 경기장에 가.

Я	иду́	в шко́лу.
Ты	идёшь	в теа́тр.
Он/Она́	идёт	в магази́н.
Мы	идём	на уро́к.
Вы	идёте	на конце́рт.
Они́	иду́т	на по́чту.

부정태 동사 ходи́ть는 왕복, 반복의 동작을 나타낸다. 방향을 나타내는 표현과 결합한다.

예문 Она́ хо́дит в шко́лу. 그녀는 학교에 다닌다.

Ка́ждый день я хожу́ в бассе́йн. 매일 나는 수영장에 다닌다.

Я	хожу́	
Ты	хо́дишь	в шко́лу.
Он/Она́	хо́дит	в клуб.
Мы	хо́дим	в бассе́йн.
Вы	хо́дите	в теа́тр.
Они́	хо́дят	

2. 의문 대명사 куда́ 방향의 표현

의문 대명사 куда는 "어디로"의 의미를 갖는 의문 대명사이다.
대답을 할 때는 방향을 나타내는 표현 в / на＋대격 을 사용한다.

예문 Куда́ вы? 어디 가십니까?

Я домо́й. 집에 갑니다.

예문 Куда́ он идёт? 그는 어디 가니?

Он идёт на уро́к. 수업 들으러 간다.

예문 Куда́ ты идёшь? 너는 어디 가니?

Я иду́ в кни́жный магази́н. 서점에 가.

3. ка́ждый와 결합한 시간표현

ка́ждый는 명사 대격과 결합하여 시간을 표현한다.

ка́ждый день 매일

> **Ка́ждый день я учу́ ру́сский язы́к.**
>
> 나는 매일 러시아어를 공부한다.

ка́ждое у́тро 매일 아침

> **Ка́ждое у́тро я игра́ю в те́ннис.** 나는 매일 아침 테니스를 친다.

ка́ждый ве́чер 매일 저녁

> **Ка́ждый ве́чер я чита́ю кни́ги.** 나는 매일 저녁 책을 읽는다.

ка́ждое воскресе́нье 일요일마다

> **Ка́ждое воскресе́нье я смотрю́ фильм.**
>
> 나는 매주 일요일마다 영화를 본다.

4 요일의 시간 표현

"~요일에"를 표현하려면, 전치사 **в** 다음에 요일을 의미하는 명사의 대격을 사용한다.

월	понеде́льник	в понеде́льник	월요일에
화	вто́рник	во вто́рник	화요일에
수	среда́	в сре́ду	수요일에
목	четве́рг	в четве́рг	목요일에
금	пя́тница	в пя́тницу	금요일에
토	суббо́та	в суббо́ту	토요일에
일	воскресе́нье	в воскресе́нье	일요일에

표현 따라하기

• "～운동을 좋아하다" 표현

- Како́й вид спо́рта   вы лю́бите?   어떤 스포츠를 좋아하세요?
                      ты лю́бишь?

- Я люблю́   футбо́л.   나는   축구를   좋아한다.
            бейсбо́л.   야구를   좋아하니?
            баскетбо́л.   농구를
            пинг-по́нг.   탁구를
            те́ннис.   테니스를
            го́льф.   골프를

- Что   вы лю́бите   де́лать?   당신은 무엇을 하는 것을 좋아하세요?
        ты лю́бишь   너는   좋아하니?

- Я люблю́   игра́ть в те́ннис.   나는   테니스 치는 것을   좋아한다.
            игра́ть в го́льф.   골프 치는 것을
            пла́вать.   수영하는 것을

• "～운동을 하다" 표현

Я игра́ю   в футбо́л.   나는   축구를   한다.
          в те́ннис.   테니스를
          в баскетбо́л.   농구를
          в пинг-по́нг.   탁구를
          в бадминто́н.   배드민턴을
          в бейсбо́л.   야구를

в волейбо́л.	배구를
в гольф.	골프를

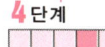

러시아어로 말하기 🎧

диалог 1

- Куда́ вы идёте?

- На по́чту. А вы?

- Домо́й.

- -

– 어디 가십니까?
– 우체국에 갑니다. 당신은요?
– 집에 갑니다.

диалог 2

- Куда́ ты идёшь?

- В кино́.

  Пойдём вме́сте!

- Пойдём.

- -

– 이디가니?
– 극장 가.
  함께 가자!
– 가자.

диалог 3

- Что вы де́лаете в воскресе́нье?

- Я игра́ю в бадминто́н. А вы?

- Я смотрю́ телеви́зор.

- -

– 일요일에 무엇을 하시나요?
– 배드민턴을 칩니다. 당신은요?
– 나는 TV를 봅니다.

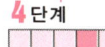

диалог 4

- Какóй вид спóрта ты лю́бишь?

- Я люблю́ футбóл.

  А ты?

- Я люблю́ бейсбóл.

– 어떤 스포츠를 좋아하니?
– 축구를 좋아해.
  너는?
– 야구를 좋아해.

диалог 5

- Что ты лю́бишь дéлать вéчером?

- Вéчером я люблю́ смотрéть телеви́зор.

  А ты?

- Я люблю́ плáвать.

– 저녁에 너는 뭐하는 것을 좋아하니?
– 저녁에 TV보는 것을 좋아해.
  너는?
– 수영하는 것을 좋아해.

함께 연습하기

1. 다음 그림을 보면서 **куда́ они́ иду́т?** 질문에 답하시오.

2. 다음요일 스케줄표를 보고서, 다음 보기처럼 러시아어로 말하시오.

보기

Во вто́рник я иду́ на спортза́л.

ПН	ВТ	СР	ЧТ	ПТ	СБ	ВС
кино 17ч.		универ-ситет 9ч.		изучать рус.яз.		футбол 11ч.
	спортзал 13ч.		стадион 12ч.		теннис 14ч.	

3. 다음을 러시아어로 옮기시오.

(1) 어디 가세요?

(2) 학교에 갑니다.

(3) 그는 매일 수영장에 다닌다.

(4) 안나는 학교에 다닌다.

(5) 토요일과 일요일에 그들은 테니스를 친다.

기억하기

Куда́ вы идёте? 당신은 어디가십니까?

Я иду́ в магази́н. 나는 상점에 갑니다.

Ка́ждый день я хожу́ в шко́лу. 나는 매일 학교에 다닌다.

В воскресе́нье я игра́ю в те́ннис. 일요일에 나는 테니스를 친다.

러시아 문화와의 만남

• **러시아의 관광 명소**

모스끄바 : 붉은 광장, 레닌 묘, 끄레믈, 국립 역사 박물관, 글린까 중앙 음악 박물관, 볼쇼이 극장, 뜨레찌야꼬프 화랑, 뿌쉬낀 미술관, 뿌쉬낀 박물관, 차이꼬프스끼 홀, 아르바뜨 거리, 체홉의 집 박물관, 똘스또이 박물관, 똘스또이 집 박물관, 시추세프 건축 박물관, 보로지노 전쟁 파노라마관, 모스끄바 국립대학과 참새 언덕 등

상뜨 뻬쩨르부르그 : 넵스끼 거리, 에르미따쥐 박물관, 겨울 궁전, 까잔 성당, 여름 궁전. 뾰뜨르 궁전, 끼로프 극장 등

기타 도시 : 자고르스끄, 블라지미르, 수즈달, 노브고로드, 끼지 섬, 소치 등

Я обычно езжу на работу на машине.

Я компью́терный программи́ст.

На́ша фи́рма (нахо́дится) в це́нтре го́рода.

Она́ (нахо́дится) далеко́ от моего́ до́ма.

Я обы́чно е́зжу на рабо́ту на маши́не.

А сего́дня я е́ду на рабо́ту на авто́бусе,

потому́ что моя́ маши́на на ремо́нте.

나는 컴퓨터 프로그래머입니다.
우리회사는 시내에 있습니다.
직장은 집에서 멀리 있습니다.
보통 승용차로 출근합니다.
그런데 오늘은 버스를 타고 출근합니다.
왜냐하면 내 자동차가 수리 중이기 때문입니다.

단어와 숙어 익히기

• компью́терный	컴퓨터의
• программи́ст	프로그래머
• фи́рма	회사
• нахо́дится	위치하다 (**находи́ться**의 3인칭 단수)
• центр го́рода	시내
• далеко́ от	(+생격) –로부터 멀리 있다
• обы́чно	보통
• е́хать	(Ⅰ식) (차를 타고) 가다
• е́здить	(Ⅱ식) (차를 타고) 다니다
• маши́на	승용차
• сего́дня	오늘
• авто́бус	버스
• потому́ что	(접속사) 왜냐하면
• на ремо́нте	수리 중

문법 따라잡기

1. 동작 동사 е́хать / е́здить

　"차를 타고 가다"를 의미하며, 목적지를 향한 일정한 방향의 동작을 나타낼 때는 е́хать를 사용하고, 왕복, 반복의 동작을 나타낼 때는 е́здить를 사용한다.
방향을 나타내는 표현 「в / на + 대격」과 결합한다.

я	е́ду		я	е́зжу
ты	е́дешь		ты	е́здишь

он/она́	е́дет		он/она́	е́здит
мы	е́дем		мы	е́здим
вы	е́дете		вы	е́здите
они́	е́дут		они	е́здят

예문 - Куда́ вы е́дете? 어디 가십니까?

- Я е́ду в центр. 시내에 갑니다.

Ка́ждый день он е́здит на рабо́ту на метро́.

(метро́는 불변명사이다)

매일 그는 지하철로 출퇴근한다.

Ка́ждое ле́то я е́зжу в Росси́ю. 나는 여름마다 러시아에 간다.

2. 교통수단

교통수단을 표현하려면, 전치사 **на**＋전치격, 또는 전치사 없이 조격을 사용한다.

교통수단을 물으려면, 의문사 **как**을 사용하여, **Как вы е́дете?**(무엇을 타고 가십니까?) 라고 질문한다.

예문 Я е́ду на маши́не (маши́ной). 니는 승용치로 갑니다.

Он е́дет на рабо́ту на авто́бусе (авто́бусом).

그는 버스로 출근합니다.

Она́ е́дет в центр на такси́. 그녀는 택시를 타고 시내에 간다.

Ка́ждый день я е́зжу в университе́т на метро́.

나는 매일 지하철로 통학한다.

3. 원인을 나타내는 접속사 **потому́ что**(2)

потому́ что는 원인, 이유를 나타낸다. **потому́ что** 원인절은 주절 뒤에 위치한다.

원인을 물을 때는 의문사 **почему́**(왜)를 사용한다. **потому́ что** 외에 원인을 나타내는 접속사로 **так как**을 사용할 수 있다.

Почему́ вы не е́дете на маши́не? 왜 차로 안 가세요?

Потому́ что(Так как) моя́ маши́на на ремо́нте. 제 차가 수리 중이기 때문입니다.

4. 소유대명사 생격

	남성	여성	중성	남성	여성	중성
		단수				
주격	мой	мой́	моё	твой	твоя́	твоё
생격	моего́	мое́й	моего́	твоего́	твое́й	твоего́
주격	наш	на́ша	на́ше	ваш	ва́ша	ва́ше
생격	на́шего	на́шей	на́шего	ва́шего	ва́шей	ва́шего

 - Рабо́та далеко́ от моего́ до́ма.

직장이 집에서 멀다.

- Дом далеко́ от ва́шей шко́лы.

집이 당신 학교에서 멉니다.

3단계

 표현 따라하기 🎧

• 동작동사 사용 표현

Ми́ша идёт   в университе́т.   미샤는   대학교에   (걸어)간다.
             в общежи́тие.   기숙사에
             на по́чту.   우체국에

Ни́на е́дет   в Ки́ев на самолёте.
             в Москву́ на по́езде.
             в теа́тр на трамва́е.
             в универма́г на маши́не.
             в музе́й на тролле́йбусе.
             домо́й на метро́.

	니나는	끼예프에 비행기를	타고 간다.
		모스크바에 기차를	
		극장에 전차를	
		백화점에 승용차를	
		박물관에 무궤도전차를	
		집에 지하철을	

• **"멀다, 가깝다"의 표현**

Мой дом далеко́ от рабо́ты. 나의 집은 직장에서 멀다.

Рабо́та не далеко́ от ста́нции метро. 직장은 지하철 역에서 멀지 않다.

Магази́н бли́зко от до́ма. 상점은 집에서 가깝다.

4단계

러시아어로 말하기 🎧

диалог 1

- Где вы рабо́таете?

- Я рабо́таю в компа́нии Тэ-у.

- Где нахо́дится ва́ша рабо́та?

- В це́нтре го́рода.

- Как вы е́дете на рабо́ту?

- На метро́.

- -

– 어디에 근무하시나요?
– 나는 대우 다닙니다.
– 직장은 어디 있나요?
– 시내에 있습니다.
– 뭐 타고 다니세요?
– 지하철 타고 다녀요.

диалог 2

- Вы éдете домóй на автóбусе?

- Нет, на метрó. А вы?

- Я тóже на метрó.

– 집에 버스타고 가세요?
– 아뇨. 지하철로 가요. 당신은요?
– 저도 지하철 타고 갑니다.

диалог 3

- Где ты живёшь?

- Я живý на ю́ге Сеýла.

- Как ты éздишь домóй?

- Снача́ла я éду на метрó, а потóм на автóбусе.

– 너는 어디 사니?
– 서울 강남에 살아.
– 너는 집에 뭐타고 다니니?
– 먼저 지하철 탄 다음, 버스타고 가.

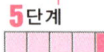

함께 연습하기

1. éхать 동사를 사용하여, 교통수단을 러시아어로 말하시오.

(1) Я _____ _____.

(2) Они́ _____ _____.

(3) Ты _____ _____?

2. 다음을 러시아어로 말하시오.

(1) 나는 직장에 전철을 타고 간다.

(2) 그는 버스로 출퇴근한다.

(3) 집에 뭐 타고 가세요?

(4) 직장이 집에서 멀다.

기억하기

- Как ты éдешь домóй? 너 뭐 타고 집에 가니?

- Я éду домóй на метрó. 나는 지하철 타고 집에 간다.

Я обы́чно éзжу на рабóту на автóбусе.

나는 보통 버스로 출(퇴)근한다.

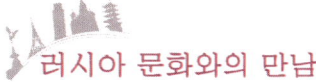 러시아 문화와의 만남

• 러시아의 교육

러시아인의 교육과정은 보통 유치원을 거쳐 우리나라의 초등학교와 중학교, 고등학교를 합친 교육기관인 쉬꼴라(школа)에서 11년 동안 수학한 후, 대학에 입학한다. 대학은 종합대학과 단과대학으로 나뉜다. 과거에는 대학이 5년제였으나, 최근에는 4년제로 바뀌고 있다. 대학 졸업 후 대학원 과정에 입학할 수 있다.

러시아의 교육은 원칙적으로 무상이었으나, 현재는 자본주의화의 영향으로 외국인들에게 달러로 많은 수업료를 요구하고 있으며, 내국인 대상의 유료 교육기관도 생겨나고 있다.

유명한 대학으로는 모스크바 국립대학교, 상뜨 뻬쩨르부르그 국립 대학교, 바우만 공과 대학, 모스크바 국제관계 대학교 등이 있으며, 뿌쉬낀 연구소, 고리끼 문학 연구소, 러시아 아카데미 산하 연구소 등도 우리에게 친숙한 연구소이다.

Урок 14

Мой день.

Мой день.

Я встаю́ в 7 часо́в, де́лаю у́треннюю заря́дку.

В 8 часо́в за́втракаю. По́сле за́втрака я иду́ на уро́к.

Уро́к начина́ется в 10 часо́в, а конча́ется в 3 часа́.

По́сле уро́ка я занима́юсь в библиоте́ке.

В 7 часо́в я уже́ до́ма. В 8 часо́в я у́жинаю.

По́сле у́жина я смотрю́ телеви́зор и слу́шаю му́зыку.

В 12 часо́в я ложу́сь спать.

나의 일과.
나는 7시에 일어나서, 아침체조를 한다.
8시에 아침을 먹는다. 아침 식사후 수업에 간다.
수업은 10시에 시작해서 3시에 끝난다.
방과후 도서관에서 공부를 한다.
7시에는 이미 집에 와 있다. 8시에 저녁을 먹는다.
저녁 식사후 TV를 보고 음악을 듣는다.
12시에 잠자리에 든다.

단어와 숙어 익히기

- встава́ть(встаю́, встаёшь : встаю́т)　　　(Ⅰ식) 일어나다

- де́лать у́треннюю заря́дку　　　아침 운동하다

- за́втракать (за́втракаю, за́втракаешь : за́втракают)

　　　　　　　　　　　　　　　　(Ⅰ식) 아침 식사하다

- по́сле　　　　　　　　　　　(+생격) ~후에

- за́втрак　　　　　　　　　　아침식사

- уро́к　　　　　　　　　　　수업

- начина́ться (начина́ется : начина́ются)　(Ⅰ식) 시작되다

- конча́ться (конча́ется : конча́ются)　　(Ⅰ식) 끝나다

- занима́ться (занима́юсь, занима́ешься : занима́ются)

　　　　　　　　　　　　　　　　(Ⅰ식) 공부하다

- библиоте́ка　　　　　　　　도서관

- уже́　　　　　　　　　　　이미

- до́ма　　　　　　　　　　　집에

- у́жинать (у́жинаю, у́жинаешь : у́жинают)

　　　　　　　　　　　　　　　　(Ⅰ식) 저녁 식사하다

- у́жин　　　　　　　　　　　저녁 식사

- ложи́ться (ложу́сь, ложи́шься : ложа́тся)

　　　　　　　　　　　　　　　　(Ⅱ식) 눕다

- ложи́ться спать　　　　　　잠자리에 들다

문법 따라잡기

1. 수사

0 ноль, нуль	
1 оди́н / одна́ / одно́	11 оди́ннадцать
2 два / две	12 двена́дцать
3 три	13 трина́дцать
4 четы́ре	14 четы́рнадцать
5 пять	15 пятна́дцать
6 шесть	16 шестна́дцать
7 семь	17 семна́дцать
8 во́семь	18 восемна́дцать
9 де́вять	19 девятна́дцать
10 де́сять	

수사 1은 남성명사와 결합할 때는 оди́н, 여성명사와 결합할 때 одна́, 중성명사와 결합할 때는 одно́로 사용된다.

예문
оди́н студе́нт	한 명의 대학생
одна́ студе́нтка	한 명의 여대생
одно́ перо́	한 개의 펜

수사 2는 남성명사 또는 중성명사와 결합할 때 два, 여성명사와 결합할 때는 две로 사용된다.

예문
два студе́нта	두 명의 대학생
два пера́	두 개의 펜
две студе́нтки	두 명의 여대생

2. 명사의 복수 생격

	단수 주격	복수 주격	복수 생격
남성 명사	студе́нт	студе́нты	студе́нтов
	геро́й	геро́и	геро́ев
	учи́тель	учителя́	учителе́й
여성 명사	кни́га	кни́ги	книг
	студе́нтка	студе́нтки	студе́нток
	ста́нция	ста́нции	ста́нций
중성 명사	ме́сто	места́	мест
	мо́ре	моря́	море́й
	зда́ние	зда́ния	зда́ний

3. 수사 + 명사

수사 1은 명사 단수 주격과 결합하고, 2, 3, 4는 단수 생격과, 5 이상은 복수 생격과 결합한다.

대학생 한 명은 **оди́н студе́нт**, 대학생 두 명은 **два студе́нта**라고 표현한다.

대학생 다섯 명은 **пять студе́нтов**라고 표현한다.

1	оди́н / одна́ / одно́	час, студе́нт / кни́га / перо́
2	два / две	студе́нта / студе́нтки
3	три	часа́
4	четы́ре	кни́ги
5	пять	
6	шесть	часо́в
7	семь	студе́нтов
8	во́семь	книг
9	де́вять	
10	де́сять	

4. 시간 표현

러시아어로 "몇 시에"를 표현하려면, "전치사 в + 대격"을 사용한다.

в час	1시에
в два часа́	2시에
в три часа́	3시에
в четы́ре часа́	4시에
в пять часо́в	5시에
в шесть часо́в	6시에
в семь часо́в	7시에
в во́семь часо́в	8시에
в де́вять часо́в	9시에
в де́сять часо́в	10시에
в оди́ннадцать часо́в	11시에
в двена́дцать часо́в	12시에

5. 동사 начина́ться(시작되다)와 конча́ться(끝나다)

이 동사들은 비활동체 명사를 주어로 하는 구문에서 사용된다.

> **예문** Рабо́та начина́ется в 9 часо́в. 일은 9시에 시작된다.
>
> Рабо́та конча́ется в 8 часо́в ве́чера. 일은 저녁 8시에 끝난다.
>
> Уро́к начина́ется в 9 часо́в, а конча́ется в 5 часо́в.
>
> 수업은 9시에 시작해서 5시에 끝난다.

6. по́сле + 생격

"~후에"를 표현하려면, 전치사 по́сле와 생격을 결합하여 사용한다.

по́сле уро́ка	방과 후에
по́сле за́втрака	아침 식사 후에
по́сле обе́да	점심 식사 후에

по́сле у́жина   저녁 식사 후에

по́сле рабо́ты   퇴근 후에

7. 형용사 생격, 대격 변화

	남성형용사	여성형용사	중성형용사
주격	но́вый	но́вая	но́вое
생격	но́вого	но́вой	но́вого
대격	но́вого но́вый	но́вую	но́вое

　활동체명사를 수식하는 남성형용사의 대격은 생격형태와 같고, 비활동체명사를 수식하는 남성형용사의 대격은 주격과 같다.

예문　Я зна́ю но́вого студе́нта. 나는 새로 온 대학생을 안다.

　　　Я чита́ю но́вый журна́л.　나는 새 잡지를 읽는다.

중성형용사의 대격은 주격과 같다.

예문　Я ви́жу но́вое зда́ние. 나는 새로운 건물을 본다.

여성형용사의 대격은 -ую/-юю 형태를 갖는다.

예문　Я чита́ю но́вую кни́гу. 나는 새 책을 읽는다.

　　　Я де́лаю у́треннюю заря́дку. 나는 아침체조를 한다.

표 현 따 라 하 기

● 시간 말하기

- Кото́рый час?　　　　　　　　– 몇시니?

  Ско́лько вре́мени?
- Сейча́с час.　　　　　　　　– 지금 1시야.

　　　　3 часа́.　　　　　　　　　　　3시야.

　　　　5 часо́в.　　　　　　　　　　　5시야.

● 일상생활 표현

- Когда́ ты встаёшь?　　　　　– 너는 언제 일어나니?
- Я встаю́ в 7 часо́в.　　　　　– 7시에 일어나.

- Когда́ ты за́втракаешь?　　– 아침은 언제 먹니?
- Я за́втракаю в 8 часо́в.　　– 8시에 먹어.

- Когда́ ты обе́даешь?　　　　– 점심은 언제 먹니?
- я обе́даю в час.　　　　　　– 1시에 먹어.

- Когда́ ты у́жинаешь?　　　　– 저녁은 언제 먹니?
- Я у́жинаю в 6 часо́в.　　　　– 6시에 먹어.

- Когда́ ты ложи́шься спать?　– 언제 잠자리에 드니?
- Я ложу́сь спать в 11 часо́в.　– 11시에 자.

러시아어로 말하기 🎧

диалог 1

- Когда́ ты встаёшь?

- Я встаю́ в 6 часо́в.

- Ты ра́но встаёшь.

  А когда́ ты ложи́шься спать?

- В 11 часо́в.

– 너는 언제 일어나니?
– 6시에 일어나.
– 너는 일찍 일어나는구나.
  몇시에 자는데?
– 11시에 자.

диалог 2

- Кото́рый час?

- Сейча́с 4 часа́.

- Спаси́бо.

- Не за что.

– 몇시입니까?
– 지금 4시입니다.
– 고맙습니다.
– 천만에요.

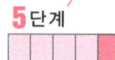

함께 연습하기

1. 다음 시계를 보면서, **Кото́рый час?**에 답하시오.

2. 다음 일과표를 보면서, 다음 보기처럼 러시아어로 말하시오.

> 보기 Я встаю́ в семь часо́в.

де́лать уро́ки

Вика - гото́вить обе́д
идти́ домо́й

Ко́стя -
слу́шать му́зыку

в шко́ле
писа́ть - чита́ть

у́жинать

идти́ в шко́лу

отдыха́ть

за́втракать
встава́ть

смотре́ть
телеви́зор

спать

3. 자신의 일과를 러시아어로 말하시오.

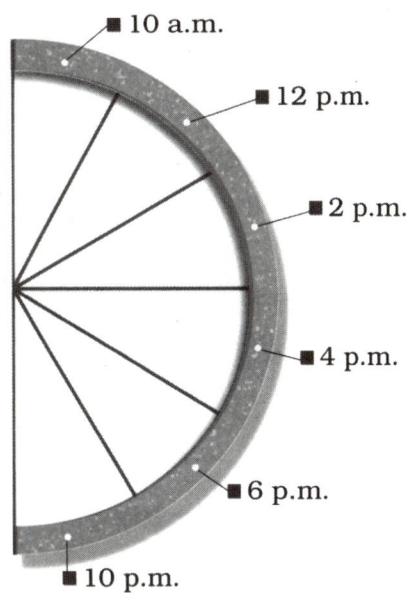

■ 10 a.m.

■ 12 p.m.

■ 2 p.m.

■ 4 p.m.

■ 6 p.m.

■ 10 p.m.

4. 다음을 러시아어로 옮기시오.

(1) 나는 7시에 일어난다.

(2) 나는 11시에 잠자리에 든다.

(3) 지금 몇시입니까?

(4) 지금 5시입니다.

(5) 수업은 9시에 시작해서, 3시에 끝난다.

기억하기

Я встаю́ в 6 часо́в. 나는 6시에 일어난다.

Я за́втракаю в 8 часо́в. 8시에 아침식사한다.

Я у́жинаю в 7 часо́в. 7시에 저녁식사한다.

Я ложу́сь спать в 11 часо́в. 11시에 잠자리에 든다.

Урок 15

Сколько вам лет?

Меня́ зову́т Андре́й.

Мне 30 лет.

Я рабо́таю в ба́нке.

Мою́ жену́ зову́т Татья́на.

Ей 27 лет.

Она́ врач.

У меня́ сын и дочь.

Моему́ сы́ну год, а до́чери 3 го́да.

제 이름은 안드레이입니다.
30세입니다.
은행에서 일하고 있습니다.
제 아내 이름은 따찌야나입니다.
27세입니다.
그녀는 의사입니다.
저는 아들과 딸이 있습니다.
아들은 한 살이고, 딸은 세 살입니다.

단어와 숙어 익히기

- звать(зову́, зовёшь : зову́т)   (Ⅰ식) 부르다
- год   년
- лет   год의 복수 생격
- три́дцать   30
- банк   은행
- жена́   아내
- врач   의사
- два́дцать   20
- сын   아들
- дочь   딸

문법 따라잡기

1. 수사

20	два́дцать
30	три́дцать
40	со́рок
50	пятьдеся́т
60	шестьдеся́т
70	се́мьдесят
80	во́семьдесят
90	девяно́сто
100	сто

2. 나이표현

나이를 표현할 때 사람은 여격으로 나타낸다. 나이를 물을 때는 Ско́лько
вам(тебе́) лет?라고 질문한다.

1(оди́н) 다음에는 단수 주격 (год)을 사용한다.

> 예문 Ему́ год. 그는 한살이다.

2(два), 3(три), 4(четы́ре) 다음에는 단수 생격(го́да)이 온다.

> 예문 Сы́ну 2 го́да. 아들은 두살이다
>
> Ей 3 го́да. 그녀는 세살이다.

5(пять)부터 20(два́дцать) 다음에는 복수 생격(лет)을 쓴다.

> 예문 Ма́льчику 5 лет. 소년은 다섯살이다.
>
> Бра́ту 11 лет. 동생은 열 한살이다.
>
> Мне 20 лет. 나는 스무살이다.

두 자리 숫자 이상의 수사 다음에 명사를 쓸 때는 끝자리 수에 따라 단수 주격, 단수
생격, 복수 생격을 사용한다.

> 예문 Тебе́ 21 год. 너는 21세이다.
>
> Ему́ 22 го́да. 그는 22세이다.
>
> Ей 25 лет. 그녀는 25세이다.

3. 소유대명사 여격변화

	남성	여성	중성
주격	мой	моя́	моё
여격	моему́	мое́й	моему́

> 예문 Моему́ сыну - 2 года. 내 아들은 두 살이다.
>
> Мое́й сестре́ - 20 лет. 내 여동생은 스무살이다.

4. ДОЧЬ

дочь는 격변화시 -ер-가 들어간다.

 Э́то моя́ дочь. 이 아이가 내 딸이다.

У мое́й до́чери компью́тер. 내 딸은 컴퓨터가 있다.

Мое́й до́чери 10 лет. 내 딸은 10세이다.

Я о́чень люблю́ мою́ дочь. 나는 내 딸을 매우 사랑한다.

Я ча́сто гуля́ю с до́черью. 나는 딸과 자주 산책을 한다.

Я ду́маю о до́чери. 나는 딸을 생각한다.

주격	дочь
생격	до́чери
여격	до́чери
대격	дочь
조격	до́черью
전치격	(о) до́чери

3단계

표 현 따 라 하 기 🎧

• 나이 표현하기

- Ско́лько вам лет?
  тебе́

당신은 몇 살입니까?

너는 몇 살이니?

- Мне 1 (21, 31, 41...) год.
  2(22, 32, 42...) го́да.
  3 (23, 33, 43...) го́да.
  4 (24, 34, 44...) го́да.
  5 (11-20, 25, 35, 45...) лет.

나는 1(21…) 살입니다.
  2(22…)
  3(23…)
  4(24…)
  5(11…)

• 나이 비교 표현

- Он **ста́рше** меня́ (,чем я).   그는 나보다 **나이가 많다.**
  моло́же   **적다**
- Он **ста́рше** меня́ на з го́да.   그는 나보다 **3살 더 많다.**

4 단계

러시아어로 말하기 🎧

диалог 1
상황 : 인터뷰

- Как вас зову́т?

- Меня́ зову́т А́нна Никола́ева.

- Ско́лько вам лет?

- Мне 22 го́да.

- Кто вы?

- Я студе́нтка.

- -

– 당신 이름은 무엇입니까?
– 저는 안나 니꼴라예바입니다.
– 몇살입니까?
– 22살입니다.
– 직업은요?
– 대학생입니다.

диалог 2

- Ми́ша, э́то ты! Здра́вствуй!

- Кака́я встре́ча! Ско́лько лет, ско́лько зим!

  Как живёшь?

- Хорошо́, спаси́бо. А ты?

- Я то́же хорошо́. Где ты рабо́таешь?

- Я рабо́таю в фи́рме. А где ты рабо́таешь?

- В ба́нке. Ну, а как семья́?

- Отли́чно! Сын, Ива́н, хо́дит в шко́лу. Ему́ уже́ 7 лет.

  Приходи́ к нам в го́сти.

- Спаси́бо. До свида́ния.

- Всего́ до́брого.

– 미샤, 너구나! 안녕!
– 이렇게 만나다니! 얼마만에 보는거야!
  어떻게 사니?
– 잘 살아. 고마워. 너는?
– 나도 잘 지내. 어디에서 일하니?
– 회사에서 일해. 너는 어디에서 일하니?
– 은행다녀. 그런데 가족은 어떻게 지내?
– 아주 잘 있어! 아들, 이반은 학교 다녀. 벌써 7살이야.
  우리 집에 놀러와.
– 고마워. 잘 가.
– 잘 가.

5단계

함께 연습하기

1. 다음 사진을 보면서, **Ско́лько ему́ / ей лет?** 질문에 답하시오.

| 15세 | 13세 | 17세 | 4세 | 20세 | 16세 | 30세 |

2. 다음을 러시아어로 옮기시오.

(1) 당신은 몇 살입니까?

(2) 저는 32세입니다.

(3) 그는 몇 살인가요?

(4) 그는 15세입니다.

(5) 내 아들은 다섯살이고, 딸은 세살입니다.

Ско́лько вам лет?　당신은 몇살입니까?

Мне 25 лет.　나는 25살입니다.

Моему́ бра́ту 12 лет.　내 동생은 12살입니다.

Мое́й сестре́ 21 год.　내 여동생은 21살입니다.

러시아 문화와의 만남

• 러시아 주요 방송사

OPT: 구명칭은 아스딴끼노이며, 러시아 국영방송이다.
PTP : OPT와 마찬가지로 국영방송이다. 러시아인들이 가장 많이 보는 방송이다.
2×2 : 상업성과 오락성이 가장 강한 방송이다. 외국에서 수입한 프로그램이 많다. 방송시간은 오후 6시에서 오후 10시까지이다.
PTB : 오후 6시부터 방송하며, 가장 공신력 있고, 객관적인 언론으로 평가받고 있다
TV6 : 음악, 뉴스 전문 방송사이다.

16 На уроке.

На уро́ке.

Идёт уро́к.

Студе́нты изуча́ют ру́сский язы́к.

Они́ внима́тельно слу́шают преподава́теля.

Он говори́т:

- Слу́шайте и пиши́те текст, пожа́луйста.

Студе́нты сидя́т и пи́шут.

Пото́м преподава́тель говори́т:

-Чита́йте текст гро́мко, пожа́луйста.

Студе́нты серьёзно занима́ются.

Им интере́сно изуча́ть ру́сский язы́к.

수업시간.
수업이 진행 중이다.
대학생들이 러시아어를 공부하고 있다.
선생님의 말을 주의 깊게 듣고 있다.
선생님이 말한다.
– 텍스트를 듣고 쓰세요.
학생들은 앉아서 쓰고 있다.
그 다음 선생님은 말한다.
– 텍스트를 큰 소리로 읽으세요.
학생들은 열심히 공부하고 있다.
그들은 러시아어 공부하는 것을 재미있어 한다.

단어와 숙어 익히기

• изуча́ть	(Ⅰ식) 연구하다
• ру́сский	러시아의, 러시아어의
• язы́к	언어
• внима́тельно	주의 깊게
• преподава́тель	강사
• писа́ть	(Ⅰ식) 쓰다
• текст	텍스트
• пожа́луйста	제발
• пото́м	다음에
• гро́мко	크게
• серьёзно	진지하게
• занима́ться	(Ⅰ식) 공부하다
• интере́сно	재미있다

문법 따라잡기

1. 명령형

동사의 3인칭 복수형에서 동사 어미를 떼내고, 동사 어간이 자음으로 끝나면 **-и(те)**를 붙이고, 모음으로 끝나면 **-й(те)**를 붙인다. 명령형 어미 **-те**를 붙이면, 여러 사람을 대상으로 하는 복수 명령이나 존칭 명령형이 된다. 명령을 정중하게 할 때는 영어의 please에 해당하는 **пожа́луйста**를 사용한다.

• 명령형 만드는 법 :

1) 동사어간이 자음으로 끝나는 경우

говори́ть : говор-я́т --- говори́ 말해라

говори́те 말하십시요

писа́ть : пи́ш-ут --- пиши́ 써라

пиши́те 쓰십시요

2) 동사어간이 모음으로 끝나는 경우

чита́ть : чита́-ют --- чита́й 읽어라

чита́йте 읽으십시요

слу́шать : слу́ша-ют --- слу́шай 들어라

слу́шайте 들으십시요

※ дать ; дай, да́йте 주세요 / 주십시오

дава́ть ; дава́й, дава́йте 하자 / 합시다

부정 명령문

"~하지 마라"의 부정명령을 표현할 때는 불완료상 동사를 사용한다.(불완료상 동사
참고 : 19과)

Не говори́те. 말하지 마세요.

Не кури́те. 담배 피지 마세요.

2. ИДТИ́ 동사에 대해

동사 **идти́**는 "걸어서 가다"라는 의미 외에 여러 가지 의미로 사용된다.
빈도수가 높은 동사이므로, 이 동사의 사용법을 알아두어야 한다.

1) 나는 학교에 간다 (일정한 방향의 운동)	Я иду́ в шко́лу. 나는 학교에 간다.
2) (우편물 등이) 오다, 가다	Письмо́ идёт отту́да 3 дня. 거기서 편지는 3일이 걸린다.

3) (비, 눈 등이) 내리다, 오다	Идёт дождь. 비가 온다.
	Идёт снег. 눈이 온다.
4) (시간이) 경과하다	Вре́мя идёт. 시간이 흐른다.
5) (기계 등이) 작동하다	Часы́ иду́т то́чно.
	시계가 정확하게 간다.
6) 진행하다	Идёт уро́к.
	수업이 진행중이다.
7) 공연하다, 상영하다	Э́тот фильм сейча́с идёт.
	이 영화는 지금 상영중이다.
8) 어울리다	Э́тот цвет о́чень идёт вам.
	이 색깔은 당신에게 매우 잘 어울립니다.

3. 술어부사 + 동사원형

부사가 문장에서 술어의 기능을 수행할 경우, 술어부사라고 한다.

술어부사 구문에서 의미상의 주체는 여격으로 나타내며, 술어부사는 동사 원형과 결합한다.

예문 Мне интере́сно смотре́ть э́тот фильм.

이 영화를 보는 것이 재미있다.

Нам инте́ресно изуча́ть ру́сский язы́к.

우리는 러시아어를 배우는 것이 재미있다.

Ему́ тру́дно рабо́тать.

그는 일하는 것이 힘들다.

Мне о́чень прия́тно встре́титься с ва́ми.

당신을 만나서 기쁩니다.

3단계

표 현 따 라 하 기

● 물건 사는 표현

- Скажи́те, пожа́луйста, у вас есть конфе́ты?

- Да́йте, пожа́луйста, кило́ лимо́нов.

- Бу́дьте добры́, да́йте торт.

- Ско́лько сто́ит буты́лка вина́?

- Ско́лько сто́ит шокола́д?

- -

– 사탕이 있습니까?
– 레몬 1kg을 주세요.
– 케익 주세요.
– 포도주 한 병이 얼마입니까?
– 초콜렛은 얼마입니까?

4단계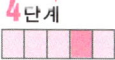

러 시 아 어 로 말 하 기

диалог 1
상황 : 상점에서

- Да́йте, пожа́луйста, торт.

- Како́й торт?

- Шокола́дный.

- Вот шокола́дный торт.

- Ско́лько сто́ит?

- 50 рубле́й.

- -

– 케익 주세요.
– 어떤걸로요?
– 초콜렛 케익으로요

| 137

– 자, 여기 초콜렛 케익이 있습니다.
– 얼마예요?
– 50루블입니다.

диалог 2
상황 : 빵집에서

- Скажи́те, пожа́луйста, бу́лочки све́жие?

- О́чень све́жие.

- Да́йте, пожа́луйста, три бу́лочки.

– 빵이 신선한가요?
– 아주 신선합니다.
– 3개 주세요.

5단계

함께 연습하기

1. 다음 동사를 명령형으로 고치시오.

(1) (Чита́ть) кни́гу.

(2) (Дать) торт.

(3) (Писа́ть) текст.

(4) (Говори́ть) гро́мко.

2. 다음 그림을 보면서, 보기 처럼 러시아어로 말하시오.

보기　Да́йте, пожа́луйста, ...

3. 다음 괄호안의 단어를 알맞은 격형태로 고치시오.

⑴ (Я) тру́дно.

⑵ (Брат) инте́ресно смотре́ть фи́льмы.

⑶ (Ты) не тру́дно?

⑷ (Мы) о́чень прия́тно.

4. 다음을 러시아어로 옮기시오.

⑴ 나는 러시아어를 공부한다.

⑵ 나는 러시아어를 공부하는 것이 재미있다.

⑶ 텍스트를 크게 읽으세요.

⑷ 다시 한번 말해주세요.

기억하기

Да́йте, пожа́пуйста, журна́л. 잡지를 주십시요.

Идёт уро́к. 수업이 진행중이다.

Мне интере́сно рабо́тать. 나는 일하는 것이 재미있다.

러시아 문화와의 만남

• 러시아의 고유 음식

- **까샤** : 각종 곡물로 만든 죽
- **자꾸스까** : 각종 냉육, 어육, 캐비어와 야채 샐러드를 곁들인 전채 요리
- **샤슬릭** : 원래는 그루지아 음식으로. 러시아식 양고기, 소고기 돼지고기 꼬치 구이. 양념한 고기를 꼬치에 끼워 장작 위에 걸고 구워낸다.
- **뻴멘** : 러시아식 물만두, 만두피가 두껍고, 만두 속은 고기를 사용한다.
- **삐로그** : 고기나, 버섯, 야채 등을 넣어 만두처럼 빚은 다음 오븐에 구워낸 음식
- **깜뽀뜨** : 러시아식 과일 쥬스로 자두, 살구 등을 주 재료로 사용한다.

Урок 17

Что ты делал вчера вечером?

Сейча́с идёт музыка́льный фестива́ль.

Вчера́ ве́чером я была́ на конце́рте.

Конце́рт был прекра́сный. Мне бы́ло хорошо́!

А мо́й друг, Анто́н, сиде́л до́ма и де́лал дома́шнее зада́ние.

Весь ве́чер ему́ бы́ло ску́чно.

지금 음악 페스티발이 열리고 있다.
어제 저녁 나는 음악회에 갔다.
음악회는 훌륭했다. 나는 기분이 좋았다!
그런데 내 친구 안똔은 집에서 숙제를 하였다.
저녁 내내 그는 지루하였다.

단어와 숙어 익히기

• музыка́льный	음악의
• фестива́ль	페스티발
• вчера́	어제
• ве́чером	저녁에
• быть	~이다
• конце́рт	음악회
• прекра́сный	훌륭한
• друг	친구
• сиде́ть	(Ⅱ식) 앉다
• сиде́ть до́ма	집에 있다
• де́лать дома́шние зада́ния	숙제를 하다
• весь ве́чер	저녁 내내
• ску́чно	지루하다

문법 따라잡기

1.동사의 과거 만들기

동사의 과거 시제형은 남성, 여성, 중성, 복수의 4개형으로 구분되어, 주어의 성, 수에 일치한다. 동사과거형을 만드는 방법은 동사원형에서 -ть를 떼어내고, 남성과거형 어미 -л, 여성어미 -ла, 중성어미 -ло를 붙인다. 복수형 어미는 -ли를 붙인다.

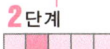 Он чита́л кни́гу. 그는 책을 읽었다.

Она́ чита́ла журна́л. 그녀는 잡지를 읽었다.

Они́ чита́ли газе́ты. 그들은 신문을 읽었다.

과거형은 현재변화와 달라서, 주어의 인칭에 따르지 않고 주어의 성, 수에 일치하므로, 1인칭과 2인칭 단수의 경우, 남성, 여성에 따라 과거형 어미를 일치시킨다.

예문 화자가 남자일 때 : Я чита́л / писа́л. 나는 읽었다/ 썼다.

화자가 여자일 때 : Я чита́ла / писа́ла.

상대가 남자일 때 : Ты чита́л / писа́л. 너는 읽었다 / 썼다.

상대가 여자일 때 : Ты чита́ла / писа́ла.

동사 원형	과거 남성	과거 여성	과거 중성	과거 복수
чита́ть	чита́л	чита́ла	чита́ло	чита́ли
говори́ть	говори́л	говори́ла	говори́ло	говори́ли
писа́ть	писа́л	писа́ла	писа́ло	писа́ли
быть	был	была́	бы́ло	бы́ли

그런데 **вы**를 사용하여 한 사람의 상대를 나타낼 때에는 성별에 구애되지 않고 항상 복수형을 쓴다.

예문 Вы чита́ли / писа́ли. 당신은 읽었습니다 / 썼습니다.

2. быть과거의 사용

быть는 현재시제에서는 "~이다"의 의미를 가지며, 주로 생략된다. 그러나 과거 시제에서는 주어의 성, 수에 따라 사용된다.
быть의 과거형은 "이었다, 있었다"의 의미를 가지며, 장소의 표현 "в, на＋전치격"과 결합하여 "갔다 왔다"의 의미를 표현한다.

예문 Вчера́ он был на конце́рте. 어제 그는 음악회에 갔다 왔다.

Позавчера́ она́ была́ на уро́ке. 그제 그녀는 수업에 갔다 왔다.

Ле́том они́ бы́ли на да́че. 여름에 그들은 별장에 있었다.

무인칭문에서 과거 시제는 항상 중성형 **бы́ло**가 사용된다.

예문 Мне бы́ло хорошо́ 나는 좋았었다.

Ему́ бы́ло ску́чно. 그는 지루했다.

Мне бы́ло тру́дно. 나는 힘들었다.

Бы́ло хо́лодно. 추웠다.

Бы́ло тепло́. 따뜻했다.

3. 시간의 표현 조격

조격을 사용하여, "~에"라는 시간을 표현한다.

у́тро	아침	у́тром	아침에
день	낮	днём	낮에
ве́чер	저녁	ве́чером	저녁에
ночь	밤	но́чью	밤에
весна́	봄	весно́й	봄에
ле́то	여름	ле́том	여름에
о́сень	가을	о́сенью	가을에
зима́	겨울	зимо́й	겨울에

3단계

 표 현 따 라 하 기

• 과거표현

- Что ты де́лал(а) вчера́ ве́чером?　어제 저녁에 너는 무엇을 했니?

- Я слу́шал(а) ра́дио.　라디오를 들었어.

　　гуля́л(а).　산책했어.

　　смотре́л(а) телеви́зор.　TV를 보았어.

　　чита́л(а) кни́гу.　책을 읽었어.

　　де́лал(а) дома́шнее зада́ние.　숙제를 했어.

　　сиде́л(а) за компью́тером.　컴퓨터를 했어.

- Я был(á) на концéрте. 음악회에 갔어.
          на стадиóне. 경기장에
          в теáтре. 극장에
          в пáрке. 공원에
          в музéе. 박물관에

러시아어로 말하기

диалог 1

- Что ты дéлал вчерá вéчером?
- Я игрáл в тéннис.

  А что ты дéлала?
- Я былá в кинó.
- Какóй фильм ты смотрéла?
- Я смотрéла фильм «Гáрри Пóттер».

  Óчень интерéсно.

– 어제 저녁에 너는 뭐했니?
– 테니스를 쳤어.
  너는 뭐했니?
– 영화관에 갔어.
– 무슨 영화를 봤어?
– "해리포터"를 봤어.
  아주 재미있었어.

диалог 2

- Что вы дéлали в суббóту?
- Весь день я сидéл дóма и отдыхáл.

  А что вы дéлали?

- Я ходи́ла в го́сти к тёте

– 토요일에 뭐하셨어요?
– 하루종일 집에서 쉬었어요.
  당신은 뭐하셨어요?
– 숙모 집에 놀러갔었어요.

5단계

함께 연습하기

1. 다음 문장을 과거시제로 바꾸시오.

   (1) Он на конце́рте.

      → _____

   (2) Я де́лаю дома́шнее зада́ние.

      → _____

   (3) Она́ сиди́т до́ма.

      → _____

   (4) Он чита́ет кни́гу.

      → _____

2. 다음 그림을 보면서 **Что они́ де́лали?** 질문에 답하시오.

3. 다음을 러시아어로 옮기시오.

(1) 너는 어제 저녁에 뭐했니?

(2) 어제 저녁에 나는 영화를 보았다.

(3) 그는 토요일에 테니스를 쳤다.

(4) 그녀는 극장에 갔다 왔다.

(5) 어제 그는 지루했다.

기억하기

Что вы де́лали вчера́? 어제 뭐 하셨어요?

Я игра́л в те́ннис. 테니스를 쳤다.

Он бып в кино́. 그는 영화관에 갔다 왔다.

Вчера́ ему́ бы́ло тру́дно. 어제 그는 힘들었다.

러시아 문화와의 만남

• 러시아의 신문

- **이즈베스찌야** : 오랜 역사를 가진 신문 가운데 하나로 러시아인들이 가장 많이 보는 신문이다. 특히 매주 2회 나오는 경제, 재정 면이 독자들의 관심을 끈다.
- **쁘라브다** : 과거 구소련의 기관지였으며, 지금은 노년층만이 구독할 정도로 인기가 없다.
- **시보드냐** : 러시아에서 독립성이 가장 강한 신문으로, 대중적인 신문이다.
- **네자비시마야 가제따** : 지면은 8면이지만, 러시아 자유언론의 대표적인 신문이다.
- **라시스까야 가제따** : 정부의 대변지 역할을 하며, 정부의 공식적인 발언이나, 법령 등을 공표한다.
- **뜨루드** : 대표적인 노동신문이다.
- **끄라스나야 즈베즈다** : 국방부 기관지이다.

Что ты будешь делать завтра?

🎧

Сейча́с о́сень.

О́сенью пого́да обы́чно хоро́шая.

Но сего́дня была́ плоха́я пого́да.

И мы сиде́ли до́ма.

По ра́дио говоря́т, что за́втра бу́дет хоро́шая пого́да.

Мы бу́дем гуля́ть в па́рке.

지금은 가을이다. 가을에는 보통 날씨가 좋다.
지금은 가을이다. 그러나 오늘은 날씨가 좋지 않았다.
그래서 우리는 집에 있었다.
내일은 날씨가 좋을 것이라고 라디오에서 방송하였다.
우리는 공원에서 산책할 것이다.

단어와 숙어 익히기

• сейча́с	지금
• о́сень	가을
• о́сенью	(осень의 조격)가을에
• обы́чно	보통
• но	그러나
• сего́дня	오늘
• плохо́й	나쁜
• пого́да	날씨
• по ра́дио	라디오로
• хоро́ший	좋은
• гуля́ть	(Ⅰ식) 산책하다

문법 따라잡기

1. быть의 미래

과거 시제에서처럼 "있다"라는 의미 외에, 연사로서도 사용되고, 또한 "가고 오다"의 의미로도 사용된다.

〈быть 미래인칭 변화〉

я	бу́ду	мы бу́дем
ты	бу́дешь	вы бу́дете
он/она́/оно́	бу́дет	они́ бу́дут

 За́втра бу́дет хоро́шая пого́да. 내일은 날씨가 좋을 것이다.

Зáвтра бýдет тепло́. 내일은 따뜻할 것이다 (무인칭문 미래시제)

Ве́чером я бýду до́ма. 저녁에 나는 집에 있을 것이다.

Они́ бýдут на конце́рте. 그들은 음악회에 갈 것이다.

Мы бýдем гуля́ть. 우리는 산책할 것이다. (참고 : 합성미래)

2. 합성미래

быть의 미래시제+동사원형은 미래시제를 표현한다. 이러한 형태의 미래시제를 합성미래라고 한다. 불완료상 동사가 быть의 미래와 결합하여 합성미래를 나타낸다.

я	бýду чита́ть / писа́ть
ты	бýдешь чита́ть / писа́ть
он/она́	бýдет чита́ть / писа́ть
мы	бýдем чита́ть / писа́ть
вы	бýдете чита́ть / писа́ть
они́	бýдут чита́ть / писа́ть

예문 Что ты бýдешь де́лать за́втра? 내일 너는 뭐 할거니?

Зáвтра я бýду чита́ть кни́гу. 내일 나는 책을 읽을 것이다.

Он бýдет гуля́ть. 그는 산책을 할 것이다.

3. 전치사 по + 여격

전치사 по + 여격이 방법, 수단을 나타낸다.

говори́ть по телефо́ну	전화로 말하다
переда́ть по ра́дио	라디오로 방송하다
посла́ть по по́чте	우편으로 보내다
сообщи́ть по телегра́ф	전보로 알리다
покупа́ть по компью́теру	컴퓨터로 구매하다.
показа́ть по телеви́зору	TV로 보여주다

4. 접속사 что

접속사 что는 종속절을 주절에 연결시키는 역할을 한다.

Я зна́ю, что она́ говори́т по-ру́сски хорошо́.
나는 그녀가 러시아어를 잘하는 것을 알고 있다.

Я ду́маю, что э́та кни́га интере́сная. 나는 이 책이 재미있다고 생각한다.

5. 부정(不定) 인칭문

행위 주체가 불특정 다수이거나, 언급할 필요가 없을 경우 문장에서 주어를 생략한다.
술어는 3인칭 복수형을 사용한다.

Говоря́т, что он хоро́ший студе́нт.
그가 훌륭한 학생이라고 말들 한다.

В э́том го́роде стро́ят большо́й музе́й.
이 도시에는 큰 박물관이 건설 중이다.

3단계

표 현 따 라 하 기

• 날씨 표현

- Кака́я пого́да была́ вчера́? 어제 날씨는 어땠니?
- Вчера́ была́ плоха́я пого́да. 어제 날씨는 나빴어.
　　　　　　　 хоро́шая пого́да. 　　　　　　좋았어.

- Кака́я пого́да сего́дня? 오늘 날씨는 어떠니?
　Сего́дня хоро́шая пого́да. 오늘 날씨는 좋아.
　　　　　 плоха́я пого́да. 　　　　　나빠.

- Кака́я пого́да бу́дет за́втра? 내일 날씨는 어떻다니?
　За́втра бу́дет хоро́шая пого́да. 내일은 날씨가 좋대.
　　　　　　　 плоха́я пого́да. 　　　　　　나쁘대.

- 계절별 날씨 표현

Весно́й тепло́. 봄에는 따뜻하다

Ле́том жа́рко. 여름에는 덥다.

О́сенью прохла́дно. 가을에는 선선하다.

Зимо́й хо́лодно. 겨울에는 춥다.

4단계

러 시 아 어 로 말 하 기 🎧

диалог 1

- Кака́я сего́дня пого́да?   –오늘 날씨는 어떠니?
- Сего́дня плоха́я пого́да.   – 오늘은 날씨가 나뻐.
  Идёт дождь.   비가 오고 있어.

диалог 2

- Кака́я пого́да бу́дет за́втра?   – 내일은 날씨가 어떻대?
- За́втра бу́дет хоро́шая пого́да.   – 내일은 날씨가 좋대.
- Хорошо́! Пойдём в парк!   – 잘됐다. 공원에 가자!

Диалог 3

- Что ты бу́дешь де́лать в суббо́ту?   – 토요일에 뭐할거니?
- Ещё не зна́ю.   – 아직 모르겠는데.
- У меня́ есть 2 биле́та в теа́тр.   – 극장표가 2장 있는데.
  Пойдём вме́сте в теа́тр!   극장에 같이 가자!
- Хорошо́!   – 좋아!

диалог 4

- Что вы бу́дете де́лать ле́том?   – 여름에 뭐하실거예요?

- Я бу́ду учи́ть ру́сский язы́к.

  А что вы бу́дете де́лать?

- Я пое́ду в Аме́рику.

- 러시아어 공부 할거예요.

  당신은 뭐하실건데요?

- 미국에 갈겁니다.

диалог 5

- Са́ша, что ты бу́дешь де́лать сего́дня ве́чером?

- Бу́ду занима́ться.

- Пойдём в кино́!

- Нет, Я бу́ду чита́ть текст.

- -

- 샤샤, 오늘 저녁에 뭐 할거니?
- 공부할거야.
- 영화관 가자!
- 안돼, 텍스트를 읽을거야.

5단계

함께 연습하기

1. 다음 문장을 미래시제로 바꾸시오.

(1) Я чита́ю кни́гу.

　→ _____

(2) Что ты де́лаешь?

　→ _____

(3) Он игра́ет в футбо́л.

　→ _____

(4) Мы смо́трим о́перу.

　→ _____

2. 다음 그림을 보면서, Кака́я сего́дня пого́да? 질문에 답하시오.

3. 다음을 러시아어로 옮기시오.

(1) 내일은 날씨가 어떨까요?

(2) 라디오에서 내일 날씨는 좋다고 했습니다.

(3) 토요일에 당신은 뭐하실거예요?

(4) 토요일에 나는 농구를 할 겁니다.

(5) 우리는 러시아어를 공부할 것이다.

기억하기

Что ты бу́дешь де́лать за́втра? 너는 내일 뭐할거니?

Я бу́ду чита́ть. 책을 읽을거야.

Кака́я сего́дня пого́да? 오늘 날씨는 어떠니?

Сего́дня хоро́шая пого́да. 오늘 날씨는 좋아.

Моё хобби.

Моё хо́бби - чте́ние книг.

Мне нра́вится писа́тель Л. Н. Толсто́й.

Я люблю́ чита́ть его́ рома́ны.

Рома́н «Анна Каре́нина» о́чень интере́сный.

Я ещё не смотре́ла фильм «А́нна Каре́нина».

Я посмотрю́ его́ в суббо́ту.

내 취미는 독서다.
나는 똘스또이를 좋아한다.
나는 그의 소설 읽기를 좋아한다.
특히, 그의 소설 안나 까레니나는 매우 재미있다.
아직 나는 안나 까레니나 영화를 보지 못했다.
토요일에 영화를 볼 것이다.

단어와 숙어 익히기

- xóбби   (중성명사) 취미
- чте́ние книг   독서
- писа́тель   작가
- рома́н   소설
- нра́виться   (Ⅱ식) 마음에 들다
- прочита́ть   **чита́ть**(읽다)의 완료상 동사
- посмотре́ть   **смотре́ть**(보다)의 완료상 동사

문법 따라잡기

1. 불완료상 동사와 완료상 동사 만들기

불완료상 동사는 완료의 의미를 갖지 않기 때문에, 진행중인 지속적인 동작이나 반복적인 행위를 표현한다. 완료상 동사는 행위의 완료, 결과를 표현한다.

완료상 동사는 과거 시제와 미래 시제만 갖는다.

완료상 동사는 접두사나 접미사를 붙여 만든다.

(1) 접두사 붙여 만들기

접두사	불완료상 동사	완료상 동사
про-	чита́ть	прочита́ть
на-	писа́ть	написа́ть
с-	де́лать	сде́лать
по-	смотре́ть	посмотре́ть

(2) 접미사 붙여 만들기

접미사	불완료상 동사	완료상 동사
-и-	реша́ть	реши́ть
	отвеча́ть	отве́тить
	получа́ть	получи́ть
-ну-	крича́ть	кри́кнуть

2. 완료상 동사의 단순미래

불완료상 동사는 합성미래를 만들며, 완료의 뉘앙스를 갖지 않는 미래의 동작이나 과정을 나타낸다. 완료상 동사는 합성미래를 만들지 못하며, 불완료상 동사의 현재처럼 인칭변화하여(단순미래), 미래의 행위나 결과를 표현한다.

Ве́чером я бу́ду чита́ть рома́н. 저녁에 나는 소설을 읽을 것이다.
(미래의 완료되지 않은 행위)

Ве́чером я прочита́ю рома́н. 저녁에 나는 소설을 다 읽을 것이다.
(미래의 완료된 행위)

За́втра я бу́ду писа́ть докла́д. 내일 나는 보고서를 쓸 것이다.
(미래의 완료되지 않은 행위)

За́втра я напишу́ докла́д. 내일 보고서를 다 쓸 것이다.
(미래의 완료된 행위)

3. нра́виться 동사

нра́виться 동사를 사용하여 "~가 마음에 든다"라는 표현을 할 때, 좋아하는 주체는 여격으로, 좋아하는 대상은 주격으로 나타낸다. 주어의 단, 복수에 따라 нра́вится, нра́вятся를 사용한다.

кому́		что
Мне Ви́ктору Ни́не Ви́ктору и Ни́не	нра́вится	э́тот бале́т 이 발레가 마음에 든다 э́та кни́га 이 책이 마음에 든다.

		э́то зда́ние 이 건물이 마음에 든다.
Мне Ви́ктору Ни́не Ви́ктору и Ни́не	нра́вятся	э́ти кни́ги 이 책들이 마음에 든다. э́ти сувени́ры 이 기념품들이 마음에 든다. э́ти ма́рки 이 우표들이 마음에 든다.

3 단계

표현 따라하기

- 마음에 들다 표현

- Кака́я ку́хня вам нра́вится?
      тебе́

  당신은 어떤 음식이 마음에 드시나요?
  너는   마음에 드니?

- Мне нра́вится   коре́йская ку́хня.
         япо́нская
         кита́йская
         францу́зская

  나는   한국음식이 마음에 듭니다.
       일본
       중국
       프랑스

- Кака́я му́зыка вам нра́вится?
      тебе́

  어떤 음악이 당신 마음에 드시나요?
         네 마음에 드니?

- Мне нра́вится   наро́дная му́зыка.
         класси́ческая
         популя́рная
         джаз

  나는   민속음악이 마음에 듭니다.
       클래식이   마음에 든다
       대중음악이
       재즈가

러시아어로 말하기 🎧

диалог 1

- Како́й рома́н тебе́ нра́вится?

- Мне нра́вится рома́н Достое́вского ≪Преступле́ние и наказа́ние≫.

- -

– 어떤 소설이 마음에 드니?
– 도스또옙스끼의 "죄와 벌"이 마음에 들어.

диалог 2

- Я люблю́ э́ту кни́гу.

  Мне о́чень нра́вится э́та кни́га.

  А как тебе́?

- Мне не нра́вится э́та кни́га.

  Мне не поня́тно, почему́ ты лю́бишь э́ту кни́гу.

- -

– 나는 이책이 좋아.
  아주 내 마음에 들어.
  너는 어때?
– 나는 이 책이 마음에 안들어.
  네가 이 책을 왜 좋아하는지 이해가 안돼.

диалог 3

- Ты бу́дешь писа́ть докла́д?

- Я уже́ написа́л его́ вчера́.

- Молоде́ц!

  Я за́втра напишу́ его́.

  Сего́дня я занята́.

– 너 보고서 쓸거니?
– 어제 다 썼어.
– 참 대단하다.
  나는 내일 다 쓸거야.
  오늘은 바쁘거든.

함께 연습하기

1. 다음 문장을 완료상 동사를 사용하여 단순미래시제로 바꾸시오.

(1) Я читаю кни́гу.   → _____

(2) Он пи́шет письмо́.   → _____

(3) Мы смо́трим э́тот фильм. → _____

(4) Они́ де́лают дома́шние зада́ния.

                              → _____

2. 다음 그림을 보면서, Что ему́ / ей нра́вится? 질문에 답하시오.

3. 다음 그림을 보면서, **Кака́я ку́хня вам нра́вится?** 질문에 답하시오.

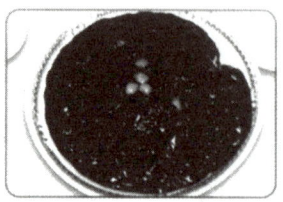
китайская ку́хня

коре́йская ку́хня

япо́нская ку́хня

италья́нская ку́хня

за́падная ку́хня

мексика́нская ку́хня

4. 다음을 러시아어로 옮기시오.

(1) 나는 내일 이 소설을 다 읽을 것이다.

(2) 그는 오늘 밤에 보고서를 다 쓸 것이다.

(3) 너는 무엇이 마음에 드니?

(4) 나는 이 음악이 마음에 든다.

(5) 그녀는 작가 체홉을 마음에 들어한다.

기억하기

- Я прочита́ю кни́гу. 나는 책을 다 읽을 것이다.

- Он напи́шет письмо́. 그는 편지를 다 쓸것이다.

- Что вам нра́вится? 무엇이 마음에 드시나요?

- Мне нра́вится э́тот фильм. 나는 이 영화가 마음에 든다.

Урок 20

Вчера я прочитал книгу.

Вчера́ я чита́л кни́гу.

Э́то бы́ло интере́сная кни́га о Росси́и.

А́втор кни́ги - изве́стный ру́сский журнали́ст.

Я чита́л э́ту кни́гу 5 часо́в, и прочита́л её то́лько сего́дня но́чью.

Она́ мне о́чень понра́вилась.

어제 나는 책을 읽었다.
러시아에 관한 재미있는 책이었다.
책 저자는 유명한 러시아 기자이다.
나는 5시간 동안 그 책을 읽었는데, 오늘밤에야 다 읽었다.
책이 아주 내 마음에 들었다.

단어와 숙어 익히기

• о	(+전치격) ~에 대해
• а́втор	저자
• изве́стный	유명한
• журнали́ст	기자
• ночь	밤에
• то́лько	단지
• понра́виться	нравиться (마음에 들다)의 완료상 동사

문법 따라잡기

1. 불완료상 동사와 완료상 동사 과거 의미와 기능

불완료상 동사 과거	완료상 동사 과거
1. 일반적 사실 Вчера́ я чита́л журна́л. 나는 어제 잡지를 읽었다.	1. 결과 Вчера́ я прочита́л журна́л (и отда́л его́ в библиоте́ку.) 어제 나는 잡지를 다 읽고 (도서관에 반납했다.)
2. 행위의 진행, 과정 Я чита́л журна́л 2 часа́. 나는 잡지를 2시간 동안 읽었다.	2. 완료 Вчера́ у́тром я купи́л журна́л и прочита́л его́. 어제 아침 나는 잡지를 사서 다 읽었다.
3. 행위의 반복 Ка́ждый день я чита́л журна́л. 나는 매일 잡지를 읽었다.	У́тром он написа́л докла́д. 그는 아침에 보고서를 다 썼다.

2. "~동안"의 표현

"~동안"을 표현할 때 불완료상 동사는 시간을 나타내는 명사 대격과 결합한다. 완료상 동사는 전치사 **за** + 대격과 결합한다.

예문
Он чита́л кни́гу 3 часа́. 그는 3시간 동안 책을 읽었다.

Он прочита́л кни́гу за 3 часа́. 그는 3시간 동안 책을 다 읽었다.

Она́ писа́ла докла́д 5 часо́в. 그녀는 5시간 동안 보고서를 썼다.

Она́ написа́ла докла́д за 5 часо́в.
　　　　　　　　　　　　　　　　그녀는 5시간 동안 보고서를 다 썼다.

3. понра́виться 동사

"마음에 들게 되었다"의 의미를 표현할 때, понра́виться 동사 과거를 사용하며, 좋아하는 대상의 성, 수에 동사과거형을 일치시킨다. 좋아하는 대상이 남성일 때 понра́вился, 여성일 때 понра́вилась, 중성일 때 понра́вилось, 복수일 때 понра́вились를 사용한다. 좋아하는 주체는 нра́виться 동사가 들어간 현재시제 구문에서처럼 여격을 사용하고, 좋아하는 대상은 주격을 사용하여 나타낸다.

кому́		что
Мне	понра́вился	э́тот бале́т 이 발레가 마음에 들었다.
Ви́ктору	понра́вилась	э́та кни́га 이 책이 마음에 들었다.
Ни́не	понра́вилось	э́то зда́ние 이 건물이 마음에 들었다.
Ви́ктору и Ни́не	понра́вились	э́ти сувени́ры 이 기념품들이 마음에 들었다.

비교

- Я хорошо́ зна́ю э́тот фильм. 나는 이 영화를 잘 안다.

　Мне нра́вится э́тот фильм. 나는 이 영화가 마음에 든다.

- Вчера́ я посмотре́ла но́вый фильм. 나는 어제 새 영화를 보았다.

Мне понра́вился э́тот фильм. 이 영화가 마음에 들게 되었다.

- Я люблю́ э́ту кни́гу. 나는 이 책을 좋아한다.

Мне о́чень нра́вится э́та кни́га. 나는 이 책이 대단히 마음에 든다.

- Когда́ я пе́рвый раз прочита́л э́ту кни́гу, она́ мне о́чень понра́вилась. 내가 이 책을 처음 읽었을 때, 매우 마음에 들게 되었다.

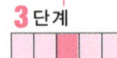

표 현 따 라 하 기 🎧

• "～동안"의 표현

- Как до́лго ты чита́л(а) э́ту кни́гу?   너는 이 책을 얼마 동안 읽었니?
- Я чита́л(а) её

час.	한 시간 동안 읽었어.
3 часа́.	3시간
5 часо́в.	5시간
день.	하루
неде́лю.	일주일
ме́сяц.	한달

- За ско́лько вре́мени ты прочита́л(а) э́ту кни́гу?

너는 몇시간동안 이 책을 다 읽었니?

- Я её прочита́л(а)

за 5 часо́в.	5시간 동안 다 읽었어.
за день.	하루
за неде́лю.	일주일
за ме́сяц.	한달

러시아어로 말하기 🎧

диалог 1

- Ты смотре́ла фильм «Война́ и мир»?

- Нет, я ещё не смотре́ла.

- Ви́ктору понра́вился фильм «Война́ и мир», и я то́же хочу́ посмотре́ть его́.

  Сове́тую тебе́ посмотре́ть э́то фильм.

- 너는 "전쟁과 평화" 영화를 봤니?
- 아니, 아직 못봤어.
- 빅또르는 영화가 아주 마음에 든대. 그래서 나도 그 영화를 보고 싶어.
  너도 그 영화를 봐.

диалог 2

- Никола́й Ива́нович, вы смотре́ли вчера́ по телеви́зору но́вый фильм?

- Да, смотре́л, Мне о́чень понра́вился э́тот фильм.

- Мне то́же.

- 니꼴라이 이바노비치, 어제 TV로 새 영화를 보셨나요?
- 네, 봤어요. 영화가 아주 마음에 들었어요.
- 저도요.

диалог 3

- Ты бу́дешь чита́ть газе́ту?

- Нет, я уже́ прочита́л её у́тром.

- А я ве́чером прочита́ю. Сейча́с я за́нят(а).

- 너 신문 읽을거니?
- 아니, 아침에 벌써 다 읽었어.
- 나는 저녁에 읽을거야.
  지금은 바쁘거든.

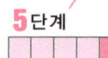

함께 연습하기

1. 알맞은 동사를 고르시오.

(1) Он до́лго (чита́л / прочита́л) кни́гу.

(2) Я (писа́л / написа́л) докла́д за 3 часа́.

(3) Ка́ждую суббо́ту мы (игра́ли / сыгра́ли) в футбо́л.

(4) Что вы (де́лали / сде́лали) вчера́ ве́чером?

(5) Она́ (чита́ла / прочита́ла) журна́л за 2 часа́.

2. 다음을 러시아어로 옮기시오.

(1) 나는 30분 동안 편지를 썼다.

(2) 그는 2시간 동안 보고서를 다 썼다.

(3) 그녀는 소설을 다 읽었다.

(4) 나는 어제 새 영화를 보았는데, 마음에 들었다.

- Я чита́л кни́гу 3 часа́. 나는 3시간 동안 책을 읽었다.

- Я прочита́л кни́гу за 3 часа́. 나는 3시간 동안 책을 다 읽었다.

- Мне понра́вилась э́та кни́га. 나는 이 책이 마음에 들었다.

21

Что ты хочешь делать в субботу?

Сейча́с в Большо́м теа́тре идёт спекта́кль ≪Евге́ний Оне́гин≫

Я о́чень хочу́ пойти́ в теа́тр, но не могу́.

Потому́ что я ещё не написа́л докла́да.

На э́той неде́ле у меня́ нет вре́мени.

Я до́лжен прочита́ть кни́гу и написа́ть текст.

지금 볼쇼이 극장에서는 연극 "예브게니 오네긴"이 공연 중이다.
극장에 무척 가고 싶지만, 갈 수 없다.
왜냐하면 나는 아직 보고서를 쓰지 못했기 때문이다.
이번 주에는 시간이 없다.
책을 읽고 보고서를 써야한다.

1단계

단어와 숙어 익히기

- сейча́с   지금
- спекта́кль   연극
- хоте́ть   (хочу́, хо́чешь:хотя́т)원하다
- пойти́   идти́(가다)의 완료상 동사
- то́лько   단지
- понра́виться   нра́виться(마음에 들다)의 완료상동사
- мочь   (могу́, мо́жешь:мо́гут)(+동사원형) ~할 수 있다.
- на э́той неде́ле   이번 주에
- до́лжен   (+동사원형)~해야 한다

2단계

문법 따라잡기

1. 동사 хоте́ть

хоте́ть 동사는 "원하다"라는 의미를 갖는다.
이 동사는 명사 대격형, 동사원형, что́бы목적절과 결합한다.

я	хочу́	мы	хоти́м
ты	хо́чешь	вы	хоти́те
он/она́	хо́чет	они́	хотя́т

1) 명사 대격과 결합

 - Что вы хоти́те? 당신은 무엇을 원하십니까?

   - Я хочу́ чай. 나는 차를 원합니다.

   Он хо́чет ко́фе. 그는 커피를 원합니다.

Они хотя́т сала́т. 그들은 샐러드를 원합니다.

2) 동사원형과 결합

주로 완료상 동사 원형과 결합한다.

예문 **Я хочу́ пойти́ в теа́тр.** 나는 극장에 가고 싶다.

Он хо́чет отдохну́ть. 그는 쉬고 싶어한다.

Она́ хо́чет купи́ть пальто́. 그녀는 외투를 사고 싶어한다.

3) 목적절과 결합

чтобы절의 주어가 주절의 주어와 일치하지 않을 경우, **чтобы**절의 술어는 과거 시제로 표현된다.

예문 **Мой оте́ц хо́чет, чтобы я стал врачо́м.**
아버지는 내가 의사가 되기를 원한다.

Я хочу́, чтобы он прие́хал сюда́. 나는 그가 여기로 오기를 원한다.

2. 동사 мочь

동사 **мочь**는 "~할 수 있다"라는 의미를 가지며, 동사원형과 결합한다.

я	могу́	мы	мо́жем
ты	мо́жешь	вы	мо́жете
он/она́	мо́жет	они́	мо́гут

예문 **Я могу́ пла́вать.** 나는 수영을 할 수 있다.

Он мо́жет говори́ть по-ру́сски. 그는 러시아어를 말할 수 있다.

Мы не мо́жем пойти́ в кино́. 우리는 영화관에 갈 수 없다.

3. до́лжен, должна́, должно́, должны́ 사용에 대해

"~해야한다"라는 당위성의 의미를 갖는 형용사 단어미형으로 술어로만 사용된다. 주어의 성, 수에 따라 일치시킨다.

주어가 남성일 경우 **до́лжен**, 여성일 경우 **должна́**, 중성일 경우 **должно́**를 사용한다. 복수일 때는 **должны́**를 사용한다.

Он до́лжен сде́лать дома́шние зада́ния. 그는 숙제를 해야 한다.

Она́ должна́ написа́ть докла́д. 그녀는 보고서를 써야 한다.

Они́ должны́ рабо́тать до ве́чера. 그들은 저녁까지 일해야 한다.

4. 부정 생격 – 명사 대격 대신 생격 사용

존재의 부정을 나타내는 술어 **нет**와 함께 부정 생격이 사용된다.

У меня́ нет вре́мени. 나는 시간이 없다.

또한 타동사의 직접 목적어는 대격으로 나타나는데, 부정문에서 타동사의 목적어는 생격으로 표현한다.

Я написа́л докла́д. 나는 보고서를 다 썼다.

Я не написа́л докла́да. 나는 보고서를 다 못썼다.

Она́ сде́лала упражне́ние. 그녀는 연습문제를 다 했다.

Она́ не сде́лала упражне́ния. 그녀는 연습문제를 다 못했다.

5. 시간표현

주 (неде́ля)와 관련된 시간 표현을 하려면, 전치사 **на**＋전치격을 사용한다.

지난 주에	на про́шлой неде́ле
이 주에	на э́той неде́ле
다음 주에	на сле́дующей неде́ле

표현 따라하기 🎧

- Что вы хоти́те на пе́рвое?　　　전채요리로 무엇을 원하십니까?
- Я хочу́ сала́т.　　　　　　　샐러드를　　　원합니다.
　　　　овощно́й суп.　　　　야채스프를
　　　　щи.　　　　　　　　　양배추 스프를
　　　　борщ.　　　　　　　　보르쉬를

- Что вы хоти́те на второ́е?　　주요리로 무엇을 원하십니까?
- Я хочу́ котле́ту.　　　　　　커틀렛을　　　원합니다.
　　　　бифште́кс.　　　　　　비프스테이크를
　　　　ку́рицу.　　　　　　　닭고기요리를

- Что вы хоти́те на тре́тье?　　디저트로 무엇을 원하십니까?
- Я хочу́ фру́кты.　　　　　　과일을　　　원합니다.
　　　　моро́женое.　　　　　아이스크림을

- Что вы хоти́те пить?　　　　무엇을 마시겠습니까?
- Я хочу́ сок.　　　나는　　쥬스를　　원합니다.
　　　ко́лу.　　　　　　　콜라를
　　　чай.　　　　　　　차를
　　　молоко́.　　　　　우유를
　　　ко́фе.　　　　　　커피를

• "시간이 없다"의 표현

- У меня́ нет вре́мени.　　　나는　　시간이　　없다.
　　　　свобо́дного вре́мени.　　　　여가시간이

러시아어로 말하기 🎧

диалог 1

- Что ты хо́чешь?
- Я хочу́ чай.
  А ты?
- Я хочу́ сок.

- -

– 무엇을 원하니?
– 나는 차를 원해
  너는?
– 나는 쥬스를 원해.

диалог 2

- Здесь свобо́дно?
- Да, свобо́дно. Сади́тесь, пожа́луйста.
  Вот меню́. Что вы хоти́те заказа́ть?
- Я хочу́ овощно́й са́лат.
- Что хоти́те на второ́е?
  Здесь прекра́сно гото́вят котле́ту по-ки́евски.
- Пожа́луйста, да́йте котле́ту.
- Что вы хоти́те на тре́тье?
- Моро́женое, пожа́луйста.

- -

– 여기 빈자리인가요?
– 네, 빈자리입니다. 앉으십시요.
  여기 메뉴 입니다. 무엇을 주문하시겠습니까?
– 저는 야채샐러드를 원해요.
– 메인요리로는 무엇을 원하시나요?
  여기는 키예프식 커틀렛 요리를 잘합니다.
– 커틀렛을 주세요.
– 디저트로 무엇을 원하세요.
– 아이스크림요.

диалог 3

- Что ты хо́чешь де́лать в суббо́ту?

- Я хочу́ пойти́ в кино́.

- Пойдём вме́сте, я то́же хочу́ пойти́ туда́.

- О́чень хорошо́, пойдём вме́сте.

– 토요일에 무엇을 하고 싶니?
– 나는 극장에 가고 싶어.
– 같이 가자, 나도 극장 가고 싶어.
– 아주 잘 됐다. 같이 가자.

диалог 4

- Я хочу́ пое́хать в центр го́рода.

- Пое́дем вме́сте, я то́же хочу́ пое́хать в центр.

- Прекра́сно!

– 나는 시내에 가고 싶어.
– 같이 가자, 나도 시내가고 싶어.
– 좋았어!

5 단계

함께 연습하기

1. (　)안의 **хоте́ть** 동사를 인칭 변화 시키시오.

(1) Я (хоте́ть) пить.

(2) Что ты (хоте́ть)?

(3) Он (хоте́ть) пойти́ в кино́.

(4) Мы (хоте́ть) изуча́ть ру́сский язы́к.

2. **до́лжен / должна́ / должно́ / должны́** 의 알맞은 형태를 넣으시오.

(1) Ива́н (　　　　　) чита́ть кни́гу.

(2) А́нна (　　　　　) спа́ть.

(3) Мы (　　　　　) написа́ть докла́д.

(4) Они́ (　　　　　) рабо́тать.

3. 다음 그림을 보면서 **Что он/она́ хо́чет де́лать?** 질문에 답하시오.

4. (　　)안의 **мочь** 동사를 인칭변화시키시오.

(1) Я (мочь) пла́вать.

(2) Ты не (мочь).

(3) Мы (мочь) говори́ть по-ру́сски.

(4) Они́ (мочь) пойти́ туда́.

5. 다음을 러시아어로 옮기시오.

(1) 당신은 무엇을 원하십니까?

(2) 나는 극장에 가고싶다.

(3) 그는 여가시간이 없다.

(4) 나는 저녁에 일해야한다.

기억하기

Я хочу́ пое́хать в Росси́ю. 나는 러시아에 가고 싶다.

Я не могу́ пойти́ в теа́тр. 나는 극장에 갈 수 없다.

Мы должны́ изуча́ть ру́сский язы́к. 우리는 러시아어를 공부해야 한다.

22

Кем ты хочешь стать?

Мой оте́ц был врачо́м.

И он хо́чет, что́бы я стал врачо́м.

Но я не интересу́юсь медици́ной.

Я люблю́ кино́.

Я хочу́ стать хоро́шим арти́стом.

나의 아버지는 의사이셨다.
그래서 그는 내가 의사가 되기를 원한다.
그런데 나는 의학에 관심이 없다.
나는 영화를 좋아한다.
나는 훌륭한 배우가 되고 싶다.

단어와 숙어 익히기

- чтóбы   ~하기 위해
- стать(стáну, стáнешь:стáнут)   ~이 되다
- интересовáться(интересýюсь, интересýешься:интересýются)
                                             (+조격) 관심을 갖다
- медицúна   의학
- артúст   배우

문법 따라잡기

1. быть 동사의 보어

быть동사는 현재 시제에서는 생략되고 주격을 보어로 취한다.

Он артúст. 그는 배우이다.

Онá студéнтка. 그녀는 대학생이다.

보통 быть 동사의 미래형, 과거형, 부정형은 조격의 보어와 결합한다.

1) быть 동사는 미래 시제에서 조격과 결합한다.

    - Кем ты бýдешь? 너는 뭐가 될거니?

    - Я бýду артúстом. 나는 배우가 될거야.

      Я хочý быть юрúстом. 나는 법률가가 되고 싶다.

2) быть 동사 과거가 조격을 보어로 취하면, 과거의 상태나 지위를 나타낸다.

      Мой дя́дя был инженéром. 나의 삼촌은 엔지니어였다.

      Онá былá учúтельницей. 그녀는 교사였다.

3) 부정형도 보어로 조격을 취한다.

Кем вы хоти́те быть? 당신은 무엇이 되고 싶습니까?

Я хочу́ быть инжене́ром. 나는 엔지니어가 되고 싶습니다.

4) **быть**동사 과거가 주격 보어를 취하면, 과거의 상태나 지위가 현재까지도 계속되는 것을 나타낸다. 또한 과거와 미래 시제에서 변화하지 않는 자질이나 타고난 것에 대해 말할 때도 주격을 보어로 사용한다.

Он был врач. 그는 과거부터 지금까지 의사로 일하고 있다.

Она́ была́ медсестра́. 그녀는 과거부터 지금까지 간호사로 일하고 있다.

Ломоно́сов был ге́ний. 로마노소프는 천재였다.

Два и три бу́дет пять. 2 더하기 3은 5이다.

Э́то не мо́жет быть его́ оте́ц. 이 사람이 그의 아버지일리 없다.

Кто	кто.
Он	арти́ст.
	студе́нт.
Она́	арти́стка.
	студе́нтка.

Кто		кем.
Он	был	арти́стом.
		студе́нтом.
Она́	была́	арти́сткой.
		студе́нткой.
Он	бу́дет	арти́стом.
		студе́нтом.
Она́	бу́дет	арти́сткой.
		студе́нткой.

2. стать + 조격

동사 стать는 조격과 결합하여 "~이 되다"를 표현한다.

Я ста́ну медсестро́й. 나는 간호사가 될 것이다.

Я хочу́ стать перево́дчицей. 나는 통역사가 되고싶다.

Он хо́чет стать врачо́м. 그는 의사가 되기를 원한다.

3. интересова́ться + 조격

동사 интересова́ться는 보어로 조격을 취한다.
접미사 -ова- 가 들어가는 동사는 현재시제 인칭변화에서 -у- 로 변한다.

- Чем вы интересу́етесь? 당신은 무엇에 관심이 있습니까?

- Я интересу́юсь матема́тикой. 나는 수학에 관심이 있습니다.

Он интересу́ется компью́тером. 그는 컴퓨터에 관심이 있다.

Они интересу́ются спо́ртом. 그들은 스포츠에 관심이 있다.

4. 형용사 조격 변화

	남성	여성	중성
주격	но́вый	но́вая	но́вое
	хоро́ший	хоро́шая	хоро́шое
조격	но́вым	но́вой	но́вым
	хоро́шим	хоро́шей	хоро́шим

예문 Я пишу́ но́вым карандашо́м. 나는 새 연필로 쓴다.

Он хо́чет стать хоро́шим студе́нтом.

그는 훌륭한 대학생이 되고 싶어한다.

Она́ была́ хоро́шей учи́тельницей. 그녀는 훌륭한 교사였다.

표현 따라하기 🎧

• 장래 희망에 대한 표현

- Кем | вы хоти́те стать(быть)?   무엇이 되고 싶습니까?
  | ты хо́чешь стать?   너는 무엇이 되고 싶니?

- Я хочу́ стать | арти́стом.
         быть | врачо́м.
              медсестро́й.
              учи́телем.
              профе́ссором.
              компью́терным программи́стом.
              перево́дчиком.
              музыка́нтом.
              режиссёром.

나는   배우가   되고 싶습니다.
        의사가
        간호사가
        교사가
        교수가
        컴퓨터 프로그래머가
        통역사가
        음악가가
        영화감독이

• 관심사항에 대한 표현

- Чем | вы интересу́етесь?   당신은 무엇에 관심이 있습니까?
  | ты интересу́ешься?   너는 무엇에 관심이 있니?

- Я интересу́юсь	му́зыкой.	нас	음악에	관심이 있습니다.
	литерату́рой.		문학에	
	культу́рой.		문화에	
	исто́рией.		역사에	
	компью́терами.		컴퓨터에	
	кино́		영화에	
	кни́гами.		책에	

* 참고 : -ами는 복수조격 형태.

4 단계

러시아어로 말하기 🎧

диалог 1

- Я хочу́ быть врачо́м.

  В на́шей семье́ все лю́бят медици́ну.

  Мой оте́ц - врач, а моя́ ма́ма - медсестра́

  А кем ты хо́чешь стать?

- Я хочу́ стать спортсме́ном, потому́ что я о́чень люблю́ спорт.

- -

– 나는 의사가 되고 싶어.
  우리 가족은 모두 의학을 좋아해.
  아버지는 의사이고, 엄마는 간호사야.
  그런데 너는 뭐가 되고 싶니?
– 나는 운동선수가 되고 싶어. 운동을 너무 좋아하거든.

диалог 2

- Кем ты хо́чешь стать?

- Я ещё не ду́мала.

- А чем ты интересу́ешься?

- Я интересу́юсь компью́терами.

- Ты хо́чешь стать программи́стом?

- Нет, не хочу́.

– 너는 뭐가 되고 싶니?
– 아직 생각해 보지 않았어.
– 너는 뭐에 관심이 있는데?
– 나는 컴퓨터에 관심이 있어.
– 너는 컴퓨터 프로그래머가 되고 싶지 않니?
– 아니, 되고 싶지 않아.

5단계

함께 연습하기

1. 다음 그림을 보면서 Кем он/она́ хо́чет стать?
   질문에 답하시오.

 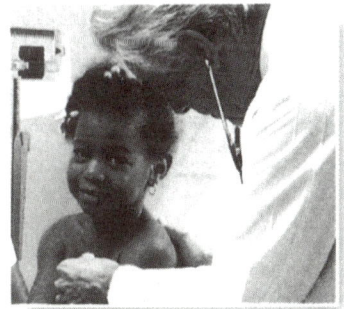

2. 다음 그림을 보면서 **Чем он/она́ интересу́ется?**
질문에 답하시오.

3. 다음을 러시아어로 옮기시오.

(1) 너는 뭐가 되고 싶니?

(2) 나는 교사가 되고 싶어.

(3) 아버지는 의사였다.

(4) 나는 음악에 관심이 있어.

기억하기

Кем вы хоти́те стать? 당신은 무엇이 되고 싶나요?

Я хочу́ стать врачо́м. 나는 의사가 되고 싶습니다.

Чем вы интересу́етесь? 당신은 무엇에 관심이 있습니까?

Я интересу́юсь ру́сским языко́м. 나는 러시아어에 관심이 있습니다.

23

Я приехал в Россию в прошлом году.

Я прие́хал в Росси́ю в про́шлом году́.

В э́том году́ я око́нчу подготови́тельный факульте́т и начну́ учи́ться на экономи́ческом факульте́те в МГУ.

В бу́дущем году́ у меня́ бу́дут ва́жные экза́мены.

Мне ну́жно занима́ться серьёзно.

나는 작년에 러시아에 왔다.
올해에 나는 예비학부를 졸업하고, 모스크바 국립대학 경제학부에서 공부를 시작할 것이다.
내년에 나는 중요한 시험이 있다.
나는 공부를 열심히 해야한다.

단어와 숙어 익히기

- приéхать(приéду, приéдешь:приéдут)　(완료상) 도착하다
- в прóшлом годý　작년에
- в э́том годý　올해에
- окóнчить(окóнчу, окóнчишь:окóнчат)　(완료상) ~하기를 끝내다
- подготови́тельный факульте́т　예비학부
- нача́ть(начну́, начнёшь:начну́т)　(완료상)(＋동사원형) 시작하다
- учи́ться(учу́сь, у́чишься:у́чатся)　배우다
- экономи́ческий факульте́т　경제학부
- МГУ　모스크바 국립대학교
- в бу́дущем годý　내년에
- ва́жный　중요한
- экза́мен　시험
- ну́жно(＋동사원형)　~해야한다

문법 따라잡기

1. 접두사＋동작동사

при-	прийти́	по-	пойти́	вы-	вы́йти
	прие́хать		пое́хать		вы́ехать

목적지에 도착하는 동작

при- прийти́ (걸어서 도착하다)

    прие́хать (차를 타고 도착하다)

Ни́на пришла́ в го́сти к нам. 니나가 우리 집에 놀러 왔다.

Я прие́хал в Росси́ю. 나는 러시아에 도착했다.

목적지로 향하는 동작

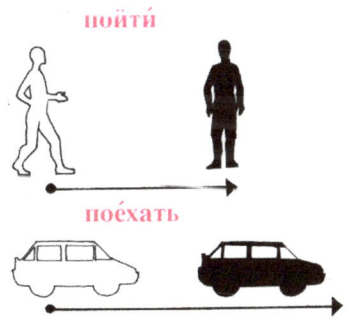

по- пойти́ (걸어서 가다)

    пое́хать (차를 타고 가다)

Мы пошли́ в кино́. 우리는 극장에 갔다.

Она́ пое́дет в Аме́рику. 그녀는 미국에 갈 것이다.

안에서 밖으로 나가는 동작

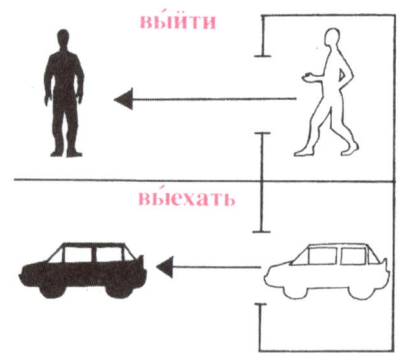

вы-

вы́йти (걸어서 나가다)

вы́ехать (차를 타고 나가다)

Он вы́шел из до́ма в 7 часо́в. 그는 7시에 집에서 나왔다.

2. 소유의 표현 – 과거형, 미래형

소유의 현재 표현

У меня́		дом.
У тебя́		компью́тер.
У него́ / неё	есть	кни́га.
У нас		подру́га.
У вас		перо́.
У них		де́ньги.

소유의 과거 표현

У меня́	был	дом.
У тебя́		компью́тер.
У него́/неё	была́	кни́га.
У нас		подру́га.
У вас	бы́ло	перо́.
У них	бы́ли	де́ньги.

소유의 미래 표현

У меня́	бу́дет	дом.
У тебя́		компью́тер.
У него́ / неё		кни́га.
У нас		подру́га.
У вас		перо́.
У них	бу́дут	де́ньги.

3. 형용사 전치격 변화

	남성	여성	중성
주격	но́вый	но́вая	но́вое
	про́шлый	прошлая	про́шлое
전치격	но́вом	но́вой	но́вом
	про́шлом	про́шлой	про́шлом

예문 Я ду́маю о но́вом дру́ге. 나는 새 친구를 생각한다.

Мы говори́м о но́вой кни́ге. 우리는 새 책에 대해 이야기한다.

Он рабо́тает в но́вом зда́нии. 그는 새 건물에서 일한다.

4. 시간 표현 – 연도

"~년에"를 표현할 때 전치사 в + 전치격을 사용한다.

в э́том году́	올해에
в про́шлом году́	작년에
в бу́дущем году́	내년에
в сле́дующем году́	

5. ну́жно + 동사원형

"~해야 한다"를 표현할 때, ну́жно + 동사원형을 쓴다.
의미상 주체는 여격을 사용한다.

 Мне ну́жно рабо́тать. 나는 일을 해야 한다.

Ему́ ну́жно встать. 그는 일어나야 한다.

Нам ну́жно учи́ться серьёзно. 우리는 열심히 공부해야 한다.

3단계

표현 따라하기 🎧

• 필요하다의 표현

필요로 하는 주체는 여격으로, 필요한 대상은 주격으로 나타낸다.
필요한 대상이 남성명사일 경우 ну́жен, 여성명사일 때 нужна́, 중성명사일 때 ну́жно, 복수일 때 нужны́를 쓴다.

- Что	вам ну́жно?	당신은 무엇이 필요합니까?
	тебе́	너는 무엇이 필요하니?

- Мне	ну́жен слова́рь.	나는	сло́варь

- Мне ну́жен слова́рь. 　　나는 사전이 필요합니다.
        нужна́ кни́га.   　　 책이
        ну́жно перо́.   　　 펜이
        нужны́ де́ньги.   　　 돈이

러시아어로 말하기 🎧

диалог 1

- Како́е сего́дня число́?

- Сего́дня 13-ое апре́ля.

– 오늘은 몇일입니까?
– 오늘은 4월 13일입니다.

диалог 2

- Вы студе́нт?

- Да, я студе́нт.

- А где вы у́читесь?

- Я учу́сь в МГУ.

– 당신은 대학생입니까?
– 네, 저는 대학생입니다.
– 어디에서 공부하세요.
– 모스크바국립대학교에서 공부합니다.

диалог 3

- Анто́н, где рабо́тает твой брат?

- Па́вел? Он сейча́с не рабо́тает.

  В про́шлом году́ он поступи́л в аспиранту́ру.

- Что он изуча́ет?

- Он изуча́ет эконо́мику.

– 안똔, 네 동생은 어디에서 일하니?
– 빠벨말이야? 지금은 일 안해.
  작년에 대학원에 들어갔어.
– 뭐를 공부하는데?
– 경제학을 공부해.

함께 연습하기

1. 다음 그림을 보면서 알맞은 동작동사를 넣으시오.

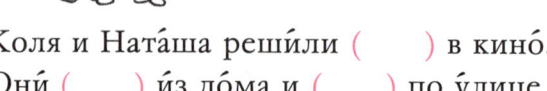

Коля и Ната́ша реши́ли (　　　) в кино́.　　Ко́ля (　　　) в го́сти.
Они́ (　　　) и́з до́ма и (　　　) по у́лице.

2. 다음을 러시아어로 옮기시오.

(1) 나는 작년에 한국에 왔다

(2) 내년에 그는 중요한 시험이 있다.

(3) 내년에 그녀는 뿌쉬낀 대학에서 공부를 시작할 것이다.

(4) 그들은 돈이 필요하다.

(5) 우리는 일을 해야 한다.

기억하기

В про́шлом году́ он прие́хал в Росси́ю.

작년에 그는 러시아에 왔다.

В бу́дущем году́ я начну́ рабо́тать в фи́рме.

내년에 나는 회사에서 일하기 시작할 것이다.

Мне нужна́ маши́на.　나는 자동차가 필요하다.

Мне ну́жно учи́ться.　나는 공부를 해야한다.

• 러 시 아 어 •

문법 편람 도표

1. 명사의 격변화

남성명사 / 단수			
주격	заво́д	геро́й	води́тель	санато́рий
생격	заво́да	геро́я	води́теля	санато́рия
여격	заво́ду	геро́ю	води́телю	санато́рию
대격	заво́д	геро́я *	води́теля	санато́рий
조격	заво́дом	геро́ем	води́телем	санато́рием
전치격	(о) заво́де	(о) геро́е	(о) води́теле	(о)санато́рии

남성명사 / 복수			
주격	заво́ды	геро́й	води́тели	санато́рии
생격	заво́дов	геро́ев	води́телей	санато́риев
여격	заво́дам	геро́ям	води́телям	санато́риям
대격	заво́ды	геро́ев *	води́телей	санато́рии
조격	заво́дами	геро́ями	води́телями	санато́риями
전치격	(о) заво́дах	(о) геро́ях	(о) води́телях	(о)санато́риях

* 남성 활동체 명사의 대격은 생격과 같으며 이 규칙은 단수와 복수 생격에 각각 적용된다.

** оте́ц, день 등의 남성 명사는 변화할 때 모음 -е-가 탈락하며, отца́, отцу́, дня, дню처럼 변화한다.

여성명사 / 단수

주격	маши́на	неде́ля	ста́нция	ча́сть
생격	маши́ны	неде́ли	ста́нции	ча́сти
여격	маши́не	неде́ле	ста́нции	ча́сти
대격	маши́ну	неде́лю	ста́нцию	ча́сть
조격	маши́ной	неде́лей	ста́нцией	ча́стью
전치격	(о) маши́не	(о) неде́ле	(о) ста́нции	(о) ча́сти

여성명사 / 복수

주격	маши́ны	неде́ли	ста́нции	ча́сти
생격	маши́н	неде́ль	ста́нций	частéй
여격	маши́нам	неде́лям	ста́нциям	частя́м
대격	маши́ны	неде́ли	ста́нции	ча́сти
조격	маши́нами	нсде́лями	ста́нциями	частя́ми
전치격	(о) маши́нах	(о) неде́лях	(о) ста́нциях	(о) частя́х

мать는 다음과 같이 특수변화한다.

	단수	복수
주격	мать	ма́тери
생격	ма́тери	матерéй
여격	ма́тери	матеря́м
대격	мать	матерéй
조격	ма́терью	матеря́ми
전치격	(о) ма́тери	(о) матеря́х

중성명사 / 단수			
주격	ме́сто	мо́ре	зда́ние	вре́мя
생격	ме́ста	мо́ря	зда́ния	вре́мени
여격	ме́сту	мо́рю	зда́нию	вре́мени
대격	ме́сто	мо́ре	зда́ние	вре́мя
조격	ме́стом	мо́рем	зда́нием	вре́менем
전치격	(о) ме́сте	(о) мо́ре	(о) зда́нии	(о) вре́мени

중성명사 / 복수			
주격	места́	моря́	зда́ния	времена́
생격	мест	море́й	зда́ний	времён
여격	места́м	моря́м	зда́ниям	времена́м
대격	места́	моря́	зда́ния	времена́
조격	места́ми	моря́ми	зда́ниями	времена́ми
전치격	(о) места́х	(о) моря́х	(о) зда́ниях	(о) времена́х

2. 형용사의 격변화

남성 형용사			
주격	но́вый	молодо́й	хоро́ший	си́ний
생격	но́вого	молодо́го	хоро́шего	си́него
여격	но́вому	молодо́му	хоро́шему	си́нему
대격	но́вого	молодо́го	хоро́шего	си́него
	но́вый	молодо́й	хоро́ший	си́ний
조격	но́вым	молоды́м	хоро́шим	си́ним
전치격	(о) но́вом	(о) молодо́м	(о) хоро́шем	(о) си́нем

여성 형용사

주격	нóвая	молодáя	хорóшая	сúняя
생격	нóвой	молодóй	хорóшей	сúней
여격	нóвой	молодóй	хорóшей	сúней
대격	нóвую	молодýю	хорóшую	сúнюю
조격	нóвой	молодóй	хорóшей	сúней
전치격	(о) нóвой	(о) молодóй	(о) хорóшей	(о) сúней

중성 형용사

주격	нóвое	молодóе	хорóшее	сúнее
생격	нóвого	молодóго	хорóшего	сúнего
여격	нóвому	молодóму	хорóшему	сúнему
대격	нóвое	молодóе	хорóшее	сúнее
조격	нóвым	молоды́м	хорóшим	сúним
전치격	(о) нóвом	(о) молодóм	(о) хорóшем	(о) сúнем

복수 형용사

주격	нóвые	молоды́е	хорóшие	сúние
생격	нóвых	молоды́х	хорóших	сúних
여격	нóвым	молоды́м	хорóшим	сúним
대격	нóвых	молоды́х	хорóших	сúних
	нóвые	молоды́е	хорóшие	сúние
조격	нóвыми	молоды́ми	хорóшими	сúними
전치격	(о) нóвых	(о) молоды́х	(о) хорóших	(о) сúних

3. 의문대명사의 격변화

주격	кто	что	대격	когó	что
생격	когó	чегó	조격	кем	чем
여격	комý	чемý	전치격	(о) ком	(о) чём

단수					
	남성	여성	중성	남성	여성	중성

	남성	여성	중성	남성	여성	중성
주격	мой	моя́	моё	твой	твоя	твоё
생격	моего́	мое́й	моего́	твоего́	твое́й	твоего́
여격	моему́	мое́й	моему́	твоему́	твое́й	твоему́
대격	моего́ мой	мою́	моё	твоего́ твой	твою́	твоё
조격	мои́м	мое́й	мои́м	твои́м	твое́й	твои́м
전치격	(о)моём	(о)мое́й	(о)моём	(о)твоём	(о)твое́й	(о)твоём
주격	наш	на́ша	на́ше	ваш	ва́ша	ва́ше
생격	на́шего	на́шей	на́шего	ва́шего	ва́шму	ва́шего
여격	на́шему	на́шей	на́шему	ва́шему	ва́шей	ва́шему
대격	на́шего наш	на́шу	на́ше	ва́шего ваш	ва́шу	ва́ше
조격	на́шим	на́шей	на́шим	ва́шим	ва́шей	ва́шим
전치격	(о)на́шем	(о)на́шей	(о)на́шем	(о)ва́шем	(о)ва́шей	(о)ва́шем

복수			

주격	мои́	твои́	на́ши	ва́ши
생격	мои́х	твои́х	на́ших	ва́ших
여격	мои́м	твои́м	на́шим	ва́шим
대격	мои́х мои́	твои́х твои́	на́ших на́ши	ва́ших ва́ши
조격	мои́ми	твои́ми	на́шими	ва́шими
전치격	(о) мои́х	(о) твои́х	(о) на́ших	(о) ва́ших

* его́, её, их 는 불변이다.

5. 인칭대명사의 격변화

단수					
주격	я	ты	он	она́	оно́
생격	меня́	тебя́	его́(у него́)	её(у неё)	его́(у него́)
여격	мне	тебе́	ему́(к нему́)	ей(к ней)	ему́(к нему́)
대격	меня́	тебя́	его́(на него́)	её(на неё)	его́(на него́)
조격	мной	тобой	им(с ним)	ей(с ней)	им(с ним)
전치격	(обо) мне	(о) тебе́	(о) нём	(о) ней	(о) нём

복수			
주격	мы	вы	они́
생격	нас	вас	их(у них)
여격	нам	вам	им(к ним)
대격	нас	вас	их(на них)
조격	на́ми	ва́ми	и́ми(с ни́ми)
전치격	(о) нас	(о) вас	(о) них

6. 기타 대명사의 격변화

단수				복수
	남성	여성	중성	
주격	э́тот	э́та	э́то	э́ти
생격	э́того	э́той	э́того	э́тих
여격	э́тому	э́той	э́тому	э́тим
대격	э́того	э́ту	э́то	э́тих
	э́тот			э́ти
조격	э́тим	э́той	э́тим	э́тими
전치격	(об) э́том	(об) э́той	(об) э́том	э́тих

단수				복수
	남성	여성	중성	
주격	тот	та	то	те
생격	того́	той	того́	тех
여격	тому́	той	тому́	тем
대격	того́	ту	то	тех
	тот			те
조격	тем	той	тем	те́ми
전치격	(о) том	(о) той	(о) том	(о) тех

단수				복수
	남성	여성	중성	
주격	весь	вся	всё	все
생격	всего́	всей	всего́	всех
여격	всему́	всей	всему́	всем
대격	всего́	всю	всё	всех
	весь			все
조격	всем	всей	всем	все́ми
전치격	(о) всём	(о) всей	(о) всём	(обо) всех

단수				복수
	남성	여성	중성	
주격	чей	чья	чьё	чьи
생격	чьего́	чьей	чьего́	чьих
여격	чьему́	чьей	чьему́	чьим
대격	чьего́	чью	чьё	чьих
	чей			чьи
조격	чьим	чьей(чье́ю)	чьим	чьи́ми
전치격	(о) чьём	(о) чьей	(о) чьём	(о) чьих

재귀대명사 себя	
주격	
생격	себя́
여격	себе́
대격	себя́
조격	собо́й
전치격	(о) себе́

7. 수사

* 기수사

1. оди́н(одна́, одно́)
2. два(две)
3. три
4. четы́ре
5. пять
6. шесть
7. семь
8. во́семь
9. де́вять
10. де́сять
11. оди́ннадцать
12. двена́дцать
13. трина́дцать
14. четы́рнадцать
15. пятна́дцать
16. шестна́дцать
17. семна́дцать
18. восемна́дцать
19. девятна́дцать

20. два́дцать
30. три́дцать
40. со́рок
50. пятьдеся́т
60. шестьдеся́т
70. се́мьдесят
80. во́семьдесят
90. девяно́сто
100. сто
200. две́сти
300. три́ста
400. четы́реста
500. пятьсо́т
600. шестьсо́т
700. семьсот
800. восемьсо́т
900. девятьсо́т
1000. ты́сяча

* 기수사

단수				복수
	남성	여성	중성	
주격	оди́н	одна́	одно́	одни́
생격	одного́	одно́й	одного́	одни́х
여격	одному́	одно́й	одному́	одни́м
대격	одного́	одну́	одно́	одни́х
	оди́н			одни́
조격	одни́м	одно́й	одни́м	одни́ми
전치격	(об) одно́м	(об) одно́й	(об) одно́м	(об) одни́х

* 서수사

1. пе́рвый
2. второ́й
3. тре́тий
4. четвёртый
5. пя́тый
6. шесто́й
7. седьмо́й
8. восьмо́й
9. девя́тый
10. деся́тый
11. оди́надцатый
12. двена́дцатый
13. трина́дцатый
14. четы́рнадцатый
15. пятна́дцатый
16. шестна́дцатый
17. семна́дцатый
18. восемна́дцатый
19. девятна́дцатый
20. двадца́тый
30. тридца́тый
40. сороково́й
50. пятидеся́тый
60. шестидеся́тый
70. семидеся́тый
80. восьмидеся́тый
90. девяно́стый
100. со́тый

* 서수사의 격변화는 형용사의 격변화와 동일하다. 예외적으로 변화하는 тре́тий의 격변화는 다음과 같다.

단수				복수
	남성	여성	중성	
주격	тре́тий	тре́тья	тре́тье	тре́тьи
생격	тре́тьего	тре́тьей	тре́тьего	тре́тьих
여격	тре́тьему	тре́тьей	тре́тьему	тре́тьим
대격	тре́тьего	тре́тью	тре́тье	тре́тьих
	тре́тий			тре́тьи
조격	тре́тьим	тре́тьей	тре́тьим	тре́тьими
전치격	(о) тре́тьем	(о) тре́тьей	(о) тре́тьем	(о) тре́тьих

8. 동사의 활용

제 1 활용형 – 부정사 чита́ть(불완료상)

현 재		과 거		미 래		
я	чита́ю			я	бу́ду	
ты	чита́ешь			ты	бу́дешь	
он		он	чита́л	он		
она́	чита́ет	она́	чита́ла	она́	бу́дет	чита́ть
оно́		оно́	чита́ло	оно́		
мы	чита́ем	мы		мы	бу́дем	
вы	чита́ете	вы	чита́ли	вы	бу́дете	
они́	чита́ют	они́		они́	бу́дут	

제 1 활용형 – 부정사 прочита́ть(완료상)

현 재		과 거		미 래	
				я	прочита́ю
				ты	прочита́ешь
		он	прочита́л	он	
		она́	прочита́ла	она́	прочита́ет
		оно́	прочита́ло	оно́	
—		мы		мы	прочита́ем
		вы	прочита́ли	вы	прочита́ете
		они́		они́	прочита́ют

제 2 활용형 - 부정사 стро́ить(불완료상)		
현 재	과 거	미 래
я стро́ю ты стро́ишь он ⌐ она́ ⎬ стро́ит оно́ ⌐ мы стро́им вы стро́ите они́ стро́ят	он стро́ил она́ стро́ила оно́ стро́ило мы ⌐ вы ⎬ стро́или они́ ⌐	я бу́ду ⌐ ты бу́дешь он ⌐ она́ ⎬ бу́дет ⎬ стро́ить оно́ ⌐ мы бу́дем вы бу́дете они́ бу́дут ⌐

제 2 활용형 - 부정사 постро́ить(완료상)		
현 재	과 거	미 래
─	он постро́ил она́ постро́ила оно́ постро́ило мы ⌐ вы ⎬ постро́или они́ ⌐	я постро́ю ты постро́ишь он ⌐ она́ ⎬ постро́ит оно́ ⌐ мы постро́им вы постро́ите они́ постро́ят
명령법　Постро́й! Постро́йте!		

해 답 편

1. Это Москва.
    Это река Волга.
    Это озеро Байкал.
2. (1) Да, это Россия.
        Нет, это не Россия.
    (2) Да, это Москва.
        Нет, это не Москва.
    (3) Да, это Иван.
        Нет, это не Иван.
    (4) Да, это Анна.
        Нет, это не Анна.
3. (1) Это Москва.
    (2) Это Россия.
    (3) Это Иван.
    (4) Это Наташа.
    (5) Это Саша и Коля.

1. Это писатель.
    Это шофёр.
    Это врач.
    Это солдат.
    Это крестьянин.
    Это артист.
    Это художник.
    Это пианист.
    Это балерина.
2. -Как его зовут?
    -Его зовут Михаил.
    -Как его фамилия?
    -Его фамилия Горбачёв.
    -Как её зовут?
    -Её зовут Алла.
    -Как её фамилия?
    -Её фамилия Пугачёва.

-Как его зовут?
-Его зовут Николай.
-Как его фамилия?
-Его фамилия Гоголь.

3. (1) новый
    (2) красивая
    (3) большое

4. (1) Кореи
    (2) города.
    (3) сестры
    (4) брата

5. (1) Что это?
    (2) Это театр.
    (3) Москва - столица России.
    (4) Это центр Москвы.
    (5) Москва - очень красивый город.

1. Это комната Светы.
    Это коридор.
    Это ванная.
    Это туалет.
    Это гостиная.
    Это спальня.
    Это балкон.
2. (1) большой   (2) красивая
    (3) новое   (4) чистый
3. (1) моя   (2) наш
    (3) Этот   (4) Её

1. Он работает / сидит за компьютером.

   Он разговаривает.

   Он учит.

   Они играют.

   Они читают.

2. (1) делаешь   (2) читаю

   (3) слушает   (4) слушают

3. (1) Он слушает музыку.

   (2) Что ты делаешь?

   (3) Я читаю книгу.

   (4) Они читают журнал и газету.

1. (1) корейский язык

   (2) английский язык

       японский язык

       китайский язык

2. (1) смотрю   (2) говорит

   (3) говорят   (4) говорю

3. (1) Вы говорите по-русски?

   (2) Я немного говорю по-русски.

   (3) Он хорошо знает английский язык.

   (4) Мой родной язык корейский язык.

   (5) Она хорошо читает по-английски.

1. Он любит смотреть телевизор.

   Он любит смотреть бейсбол.

   Они любят смотреть фильм.

   Он любит отдыхать.

2. (1) Что вы любите?

   (2) Я люблю кино.

   (3) Что он любит делать?

   (4) Он любит слушать музыку.

(5) Я очень люблю спорт.

1. (1) В центре

   (2) на концерте

   (3) в театре

   (4) в музее

2. Он на уроке

   Они на цирке

   Они в спортзале

   Он в библиотеке

3. (1) Петербург - на западе России.

   (2) Сибирь - на севере России.

   (3) Где ты?

   (4) В Москве Кремль и Красная площадь.

1. (1) живёте   (2) живу

   (3) живёт   (4) живут

2. (1) Какой хороший студент!

   (2) Какая большая комната!

   (3) Какое красивое море!

   (4) Какие новые журналы!

3. (1) Где ты живёшь?

   (2) Я живу в центре города.

   (3) Какой большой город!

   (4) Мои родители любят природу и

       живут в деревне.

1. (1) меня   (2) ему

   (3) вас   (4) её

2. У меня есть магнитофон.

   У меня есть факс.

   У меня есть видеомагнитофон.

У меня есть CD плеер.

3. (1) У нас большая семья.

(2) У неё есть младшая сестра.

(3) Я часто пишу письмо другу.

(4) У него есть мобильный телефон.

(5) У тебя есть сестра или брат?

1. (1) Нет, у меня нет брата.

(2) Нет, у меня нет сестры.

(3) Нет, у него нет книги.

(4) Нет, у них нет компьютера.

2. (1) У меня нет брата.

(2) У него нет ни газеты, ни журнала.

(3) У неё нет сына.

(4) Я хорошо знаю Ивана.

(5) У Саши небольшая семья.

1. Антон идёт в школу.

Юра идёт в спортзал.

Ира идёт в музей

Инна идёт в спортзал.

Мама и папа идут в театр.

2. В понедельник я иду в кино.

В среду я иду в университет.

В четверг я иду на стадион.

В пятницу я изучаю русский язык.

В субботу я играю в теннис.

В воскресенье я играю в футбол.

3. (1) Куда вы идёте?

(2) Я иду в школу.

(3) Каждый день он ходит в бассейн.

(4) Анна ходит в школу.

(5) В субботу и в воскресенье они играют в теннис.

1. (1) еду на машине.

(2) едут на автобусе.

(3) едешь на метро?

2. (1) Я еду на работу на метро.

(2) Он ездит на работу на автобусе.

(3) Как вы едете домой?

(4) Работа далеко от моего дома.

1. Сейчас час

Сейчас два часа.

Сейчас четыре часа

Сейчас пять часов

2. Вика встаёт и завтракает в семь часов.

Вика идёт в школу в восемь часов.

Вика пишет текст в десять часов.

Вика идёт домой в два часа.

Вика делает уроки в три часа.

Костя слушает музыку в пять часов.

Костя ужинает в семь часов.

Костя отдыхает в восемь часов.

Костя смотрит телевизор в девять часов.

Костя ложится спать в одиннадцать часов.

3. В 10 часов я иду на урок.

В 12 часов я обедаю.

В 4 час я иду в магазин.

В 6 часов я ужинаю.

В 10 часов я смотрю телевизор.

4. (1) Я встаю в семь часов.

(2) Я ложусь спать в одиннадцать часов.

(3) Сколько сейчас времени?

(4) Сейчас пять часов.

(5) Урок начинается в девять часов, а
    кончается в три часа.

1. (1) Ей 15 лет.
   (2) Ему 13 лет.
   (3) Ей 17 лет.
   (4) Ей 4 года.
   (5) Ему 20 лет.
   (6) Ему 16 лет.
   (7) Ей 30 лет.
2. (1) Сколько вам лет?
   (2) Мне 32 года.
   (3) Сколько ему лет?
   (4) Ему 15 лет.
   (5) Моему сыну 5 лет и моей дочери
       3 года.

1. (1) Читайте   (2) Дайте
   (3) Пишите   (4) Говорите
2. Дайте, пожалуйста, молоко.
   Дайте, пожалуйста, сыр.
   Дайте, пожалуйста, виноград.
   Дайте, пожалуйста, вино.
   Дайте, пожалуйста, булочки.
   Дайте, пожалуйста, конфеты.
3. (1) Мне   (2) Брату
   (3) Тебе   (4) Нам
4. (1) Я изучаю русский язык.
   (2) Мне интересно изучать русский
       язык.
   (3) Читайте текст громко.
   (4) Ещё раз говорите, пожалуйста.

1. (1) Он был на концерте.
   (2) Я делал домшнее задание.
   (3) Она сидела дома.
   (4) Он читал книгу.
2. Они слушали музыку.
   Она читала книгу.
   Они изучали.
   Он отдыхал.
3. (1) Что ты делал вчера вечером?
   (2) Вчера вечером я смотрел(а)
       фильм.
   (3) В субботу он играл в теннис.
   (4) Она была в кино.
   (5) Вчера ему скучно.

1. (1) Я буду читать книгу.
   (2) Что ты будешь делать?
   (3) Он будет играть в футбол.
   (4) Мы будем смотреть оперу.
2. Сегодня идёт дождь.
   Сегодня солнечно.
   Сегодня идёт снег.
   Сегодня жарко.
3. (1) Какая погода будет завтра?
   (2) По радио говорят, что завтра
       будет хорошая погода.
   (3) Что вы будете делать в субботу?
   (4) В субботу я буду играть в баскетбол.
   (5) Мы будем изучать русский язык.

1. (1) Я прочитаю книгу.
   (2) Он напишет письмо.

(3) Мы посмотрим этот фильм.

(4) Они сделают домашние задания.

2. Ей нравится матрёшка.

Ей нравится самовар.

Ему нравится пластинка.

Ему нравится книга.

Ему нравится ложка.

3. Мне нравится китайская кухня.

Мне нравится корейская кухня.

Мне нравится японская кухня.

Мне нравится итальянская кухня.

Мне нравится западная кухня.

Мне нравится мексиканская кухня.

4. (1) Завтра я прочитаю этот роман.

(2) Сегодня вечером он напишет доклад.

(3) Что тебе нравится?

(4) Мне нравится эта музыка.

(5) Ей нравится писатель А.П. Чехов.

 20

1. (1) читал   (2) написал

(3) играли   (4) делали

(5) прочитала

2. (1) Я писал письмо 30 минут.

(2) Он написал доклад за 2 часа.

(3) Она прочитала роман.

(4) Вчера я посмотрел(а) новый фильм, он мне понравился.

 21

1. (1) хочу   (2) хочешь

(3) хочет   (4) хотим

2. (1) должен   (2) должна

(3) должны   (4) должны

3. Он/Она хочет посмотреть фильм.

Он/Она хочет пойти на концерт.

Он/Она хочет играть в бейсбол.

4. (1) могу   (2) можешь

(3) можем   (4) могут

5. (1) Что вы хотите?

(2) Я хочу пойти в кино.

(3) У него нет свободного времени.

(4) Я должен/должна работать вечером.

 22

1 Он/Она хочет стать спортсменом.

Он/Она хочет стать врачом.

Он/Она хочет стать поваром.

Он/Она хочет стать инженером.

2 Он/Она интересуется книгами.

Он/Она интересуется музыкой.

Он/Она интересуется газетами.

3 (1) Кем ты хочешь стать?

(2) Я хочу стать учителем.

(3) Отец был врачом.

(4) Я интересуюсь музыкой.

 23

1. пойти, вышли, пошли, пришёл

2. (1) В прошлом году я пртехал(а) в Корею.

(2) В будущем году у него будут важные экзамены.

(3) В будущем году она начнёт учиться в Пушкинском институте.

(4) Им нужны деньги.

(5) Нам нужно работать.